A Mohammed Aissaoui,

Peleliu

DU MÊME AUTEUR

chez le même éditeur

La Clôture, 2002, Folio n° 4067, 2004
Chrétiens, 2003, Folio n° 4413, 2006
Terminal Frigo, 2005, Folio n° 4546, 2007
L'homme qui a vu l'ours, 2006
L'Explosion de la durite, 2007, Folio n° 4800, 2008
Un chien mort après lui, 2009, Folio n° 5080, 2010
Le Ravissement de Britney Spears, 2011, Folio n° 5543, 2013
Ormuz, 2013, Folio n° 5934, 2015
Les Événements, 2015

Les autres livres de Jean Rolin sont répertoriés en fin de volume

Jean Rolin

Peleliu

P.O.L
33, rue Saint-André-des-Arts, Paris 6e

ISBN : 978-2-8180-3856-7
www.pol-editeur.com

à M.P.V.

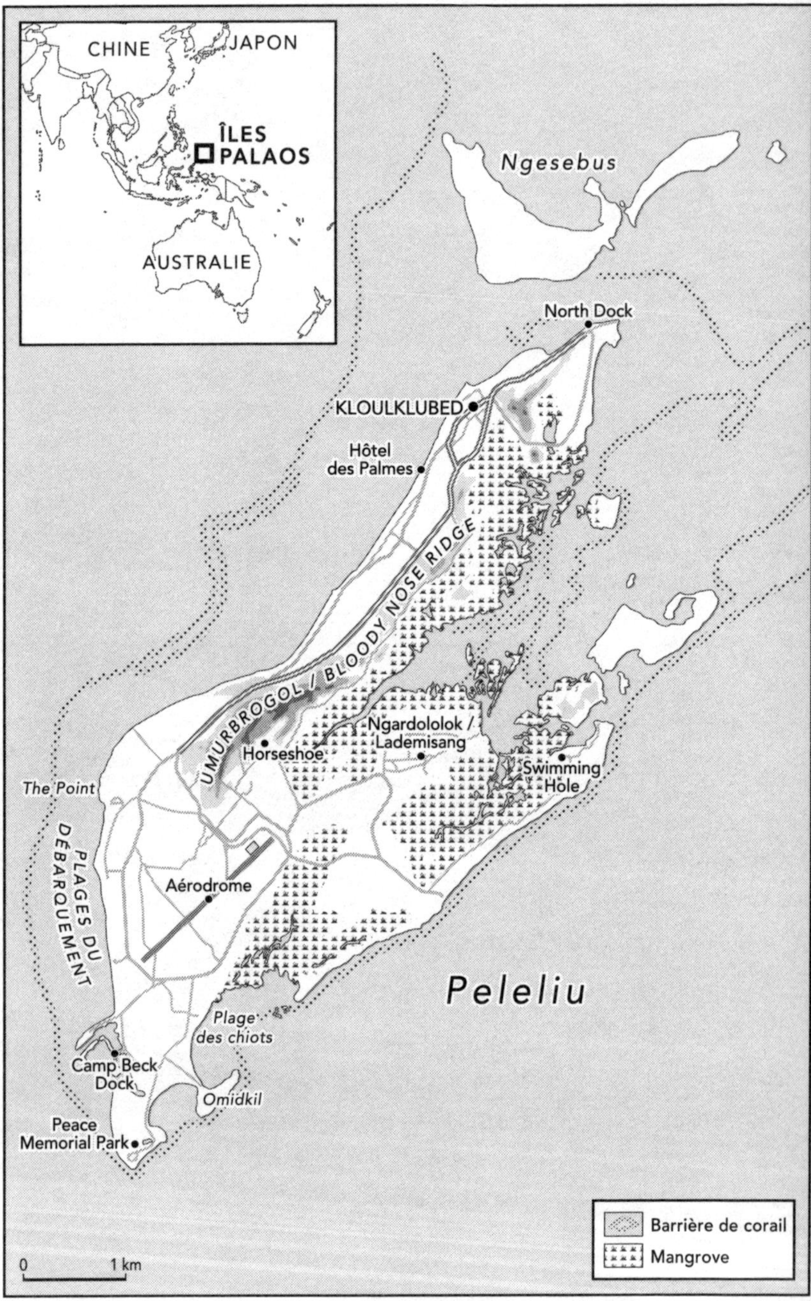
CHINE
JAPON
ÎLES PALAOS
AUSTRALIE
Ngesebus
North Dock
KLOULKLUBED
Hôtel des Palmes
UMURBROGOL / BLOODY NOSE RIDGE
Horseshoe
Ngardololok / Lademisang
Swimming Hole
The Point
PLAGES DU DÉBARQUEMENT
Aérodrome
Peleliu
Plage des chiots
Camp Beck Dock
Omidkil
Peace Memorial Park
Barrière de corail
Mangrove
0
1 km

La mort mystérieuse de Pete Ellis, survenue en 1923 à Koror, capitale de l'archipel des Palaos, peut-on l'envisager comme le premier acte de la guerre américano-japonaise dans le Pacifique ? Pete Ellis, de son vrai nom Earl Hancock Ellis, naît en 1880 dans une petite communauté rurale et presbytérienne du Kansas. Dans la biographie qu'ils lui consacrent, Merrill L. Bartlett, lui-même ancien officier du corps des Marines, et Dirk Anthony Ballendorf, professeur à l'université de Guam, soulignent qu'au moment de sa naissance, il régnait dans les Grandes Plaines un froid si implacable qu'il entraîna la perte de plus de la moitié du bétail. Si cette circonstance, à elle seule, est insuffisante pour expliquer l'alcoolisme dans lequel il devait sombrer par la suite, elle aide à comprendre le peu de goût d'Ellis pour la vie agricole, et sa hâte à s'engager, dès vingt ans, dans le corps des Marines (une arme dont le prestige, comme les effectifs, était à l'époque limité, même si elle venait de recueillir un peu de gloire dans la guerre hispano-américaine). Sans entrer dans le détail de sa carrière militaire, on peut tout de même relever qu'en 1918 il s'illustre dans les combats menés par le corps expéditionnaire américain dans l'est de la France, au point d'être élevé au grade de lieutenant-colonel, et décoré tant de la Croix de guerre que de la Légion d'honneur. Auparavant, après deux affectations successives aux Philippines – lors desquelles, dans sa correspondance, il témoigne vis-à-vis des Philippins d'un mépris hargneux qui ne nous le rend pas sympathique –, il s'est retrouvé en 1915 sur l'île de Guam, où pour la première fois, semble-t-il, il fut hospitalisé pour des troubles du comportement que les médecins identifièrent poliment comme un accès de « nostalgie », et qu'ils traitèrent par une cure de barbituriques. Lui-même justifia cette petite défaillance par le chagrin consécutif au décès de sa mère, laquelle, cependant, ne devait mourir pour de bon que vingt-six ans plus tard. Ultérieurement, la nostalgie le rattrapera à maintes reprises, et ses deux biographes observent qu'entre 1916 et 1921, il totalisera quelque deux cent quatre-vingt-deux jours d'indisponibilité pour raisons de santé. À cette époque, il ne semble pas qu'une telle propension à l'alcoolisme et à la neurasthénie ait constitué un handicap insurmontable dans la carrière qu'avait embrassée Pete Ellis, puisqu'en 1920 nous le retrouvons attaché à l'état-major des Marines en qualité d'officier de renseignements. Cette année-là, il rédige un rapport de trente mille mots dans lequel il exprime sa conviction de l'inéluctabilité d'une guerre opposant Américains et Japonais dans le Pacifique, et souligne l'importance, dans cette perspective, des opérations amphibies (des débarquements, autrement dit) menées par les Marines à partir des navires de la flotte : et il est de fait que le plan qu'il expose est à peu de chose près, dans ses grandes lignes et parfois jusque dans ses détails, celui que MacArthur et Nimitz appliqueront avec succès (mais au prix d'un très grand nombre de vies humaines) à partir de 1942, et qui nous est connu sous le nom de « Island Hopping ». Le saut d'île en île, c'est d'ailleurs ce qu'Ellis va pratiquer lui-même, à sa façon, dans les deux dernières années de sa vie, au fil de ce que l'on pourrait décrire comme son autodissolution dans l'alcool et dans le Pacifique. Après un ultime séjour à l'hôpital naval de Washington, lors duquel les médecins diagnostiquent un « début de delirium tremens », il est officiellement mis en congé du corps des Marines au mois de mai 1921, et c'est sous l'identité d'un négociant, représentant de la Hugues Trading Company, qu'il embarque à destination de l'Australie. Avant même son départ, il s'est ouvert de la véritable nature de sa mission – étudier les dispositions prises par les Japonais dans les îles du Pacifique qu'ils ont soustraites aux Allemands dès 1914 – auprès de plusieurs personnes qui auraient dû l'ignorer. Et dans la suite de son voyage, il va multiplier les extravagances au point que l'on peut se demander s'il n'en fait pas exprès, s'il ne réunit pas délibérément toutes les conditions d'un échec, et si sa mélancolie, ou quel que soit le nom du mal dont il souffre, n'a pas atteint un tel degré qu'il ne voie plus d'issue que dans sa disparition. Du coup, il va peut-être finir par nous devenir sympathique, Pete Ellis, en dépit des traits déplaisants que nous avons déjà mentionnés, et par acquérir les dimensions, y compris burlesques, d'un véritable héros. Depuis Sydney, une première croisière le mène aux Samoa sous domination britannique, où ses biographes ne précisent pas s'il va se recueillir (comme il le devrait) sur la tombe de R.L. Stevenson. Sans doute Stevenson, ardent défenseur des indigènes, n'était-il pas son genre, mais on ne sait jamais. De retour à Sydney, il sollicite auprès du consulat japonais un visa pour se rendre dans les Carolines et les Marshall, et contre toute attente il l'obtient.

Le Rigodon de l'Ivrogne : c'est sous ce titre lowryen que pourraient être regroupés les épisodes suivants, et ultimes, du voyage de Pete Ellis. De Sydney, à bord du *Tango Maru*, il se rend à Manille, pour s'y faire interner quelque temps dans un hôpital militaire américain sous le coup d'un nouvel accès de nostalgie. En juillet 1922, apparemment requinqué, il quitte les Philippines à destination de Yokohama, où il se remet à boire – Ballendorf et Bartlett le décrivent traînant sur le rivage de « bar minable » en « maison de geishas » –, entretenant ses compagnons de beuverie, du moins peut-on le craindre, des détails de sa mission. Et c'est ainsi que de fil en aiguille il se retrouve à l'hôpital naval américain de Yokohama, d'où son directeur, le médecin-capitaine Ulysses S. Webb, a la faiblesse de le laisser sortir, pour s'entendre appeler peu après par le gérant du Grand Hôtel, où Ellis a pris pension, et où il est en proie, semble-t-il, à une crise particulièrement violente d'éthylisme. Comme ces accès vont de pair avec une propension de plus en plus marquée aux confidences relatives à ses activités d'espionnage, le médecin-capitaine Webb, de concert avec l'attaché naval à Tokyo, décide de le rapatrier aux États-Unis, lui laissant le choix entre un retour en paquebot ou à bord d'un transport de troupes. Mais Ellis ne veut pas rentrer au pays couvert de honte, il veut mener à bien sa mission, et surtout, pensons-nous, il ne veut pas être sauvé. Échappant à la surveillance de l'attaché naval et du médecin-chef, il embarque à Kobe sur le *Kasuga Maru*, à bord duquel il se rend tout d'abord sur l'île de Chichi, dans l'archipel des Bonin, puis sur l'île de Saipan, dans les Mariannes, qui sera durant l'été 1944, conjointement avec l'île voisine de Tinian, et celle, un peu plus lointaine, de Guam, le théâtre d'une bataille effroyable, marquée par des suicides en masse de civils, à l'issue de laquelle les Américains disposeront pour la première fois d'une plate-forme d'où ils pourront bombarder sans répit les villes japonaises. D'après ses biographes, Ellis parvint à s'abstenir de tout débordement pendant son séjour à Saipan, mais il n'en attira pas moins l'attention des autorités japonaises par la fébrilité avec laquelle il couvrait de croquis ses carnets de notes. Au mois de décembre 1922, à bord du *Matsuyama Maru*, il gagne l'île de Yap, puis l'île de Koror, dans l'archipel des Palaos, où il devait trouver la mort un peu plus tard, puis l'atoll de Truk, et enfin l'île de Kusaie, la plus orientale des Carolines, sur laquelle il débarque le 20 décembre. Mauvaise pioche : à Kusaie, il rencontre deux planteurs de copra, Arthur Hermann et son neveu Victor, qui avec les meilleures intentions du monde l'invitent à un repas de Noël lors duquel il renoue avec ses fâcheuses habitudes, y compris celle de confier à ses hôtes, après quelques bouteilles, la véritable nature de sa mission. Le 29 décembre, le *Matsuyama Maru* appareille de Kusaie avec à son bord Pete Ellis, lesté par les soins des deux Hermann d'une importante provision de whisky. La veille du nouvel an, il débarque sur l'atoll de Jaluit – ou plutôt y est-il débarqué, vu son état – sous les yeux, dans lesquels doivent se refléter des sentiments variant de la goguenardise à la compassion, du cruel Tanaka, le responsable local de la police japonaise, du bon docteur Ishoda, l'officier de santé également japonais, et de l'excellente Jesse Rebecca Hoppin, une missionnaire protestante plus connue dans l'archipel des Mariannes sous le nom de « Mother Hoppin ». Laquelle va lui offrir une dernière chance de salut, tant moral que physique, qu'il ne saisira pas, ou seulement à demi. Car aussi longtemps qu'il demeure sous la tutelle de Mother Hoppin, Pete Ellis, apparemment, reste sobre, ce qui ne l'empêche pas de dévoiler à sa bienfaitrice sa qualité d'espion, cette tendance aux aveux présentant désormais un caractère compulsif, et de lui confier par surcroît le volume du *Bentley's Business Code* – le fleuron de son déguisement d'homme d'affaires – à l'intérieur duquel il a collé une copie du code naval F2. Citée par Ballendorf et Bartlett, Myra Heine Nelson, la fille du révérend Heine – un collègue de Mother Hoppin – observe qu'Ellis, bien qu'il ne se soit pas signalé jusque-là par sa piété, non seulement assiste aux offices mais y chante les hymnes avec entrain. Même si nous ignorons quel âge avait à l'époque Myra Heine, ou à quoi elle ressemblait, il nous semble que le bon choix, pour Ellis, eût été de renoncer à sa mission, déjà bien compromise, d'épouser la fille du révérend et de couler à Jaluit, au moins pour quelques années, des jours paisibles. Heureux peut-être pas (il eût été bientôt las de chanter les hymnes), mais paisibles. Au lieu de quoi, comme on pouvait s'y attendre, il quitte l'île de Mother Hoppin, un beau matin, à bord du *Caroline Maru*, un voilier japonais adonné au commerce d'île en île dans les Mariannes. En mer, Ellis dort en plein air, sur le pont, parmi les lots de copra. Aux escales, il continue à dessiner et à prendre des notes sans se cacher, attirant un surcroît d'attention des autorités japonaises. Apparemment, il ne boit pas. Puis le *Caroline Maru* est de retour à Jaluit, et Ellis retrouve sa chambre chez Mother Hoppin. En son absence, celle-ci, de mèche avec le docteur Ishoda, a fait disparaître toutes les bouteilles de spiritueux qu'Ellis y avait stockées (nous disent ses biographes, au risque de faire planer un doute sur sa sobriété affichée lors de son séjour précédent), et obtenu des commerçants locaux qu'ils refusent de lui vendre de l'alcool. Ellis parvient à s'en faire livrer, néanmoins, et c'est de nouveau une épave qui, le 26 mars 1923, embarque sur le même bateau, le *Caroline Maru*, cette fois à destination de Koror, où il manifeste le désir de s'installer quelque temps. À Koror on lui trouve une maison, et même une épouse indigène, Metaiue, dont Bartlett et Ballendorf nous assurent qu'elle était jeune et belle. Les autorités japonaises lui ayant dénié l'autorisation de visiter l'île de Babelthuap, la plus grande de l'archipel des Palaos, Ellis se rabat sur les îles de Ngarmid et d'Arakabesang, plus petites et plus faciles d'accès, sur lesquelles il peut remplir à loisir ses carnets. Il semble que désormais il soit filé en permanence, et que son ivrognerie ne connaisse plus de bornes. Un autre médecin japonais, le docteur Isake, essaie de le convaincre de se faire hospitaliser, mais Ellis s'y refuse. Et c'est en vain que son épouse indigène, Metaiue, lui prépare à manger, il n'a pas d'appétit, il ne fait plus guère que boire et vomir, par la suite Metaiue estimera que sa consommation hebdomadaire de bière s'élevait à trois cents bouteilles : sans que soit précisée la contenance de celles-ci, mais à l'époque on fabriquait plus volontiers de grandes bouteilles que des petites. De plus en plus souvent, Ellis parle tout seul, il marche autour de sa chambre en braillant des commandements militaires, il passe son poing à travers les cloisons. Un jour il met à sac la maison de son unique ami blanc à Koror, un certain Gibbons, à la recherche apparemment de quelque chose de plus fort que cette bière dont il boit, s'il faut en croire Metaiue, près de quarante-trois bouteilles par jour. On peut se demander pourquoi les autorités japonaises ne le font pas enfermer, et si elles ne prennent pas un malin plaisir à voir s'autodétruire cet Américain alcoolique qu'elles ont depuis longtemps identifié comme un espion. Le 12 mai 1923, elles lui font parvenir deux bouteilles de whisky – du moins est-ce la version que ses biographes ont retenue –, Ellis les siffle toutes les deux puis il meurt, non sans avoir pleuré, dans son agonie, en prononçant le nom de ses parents, et revendiqué une dernière fois sa qualité d'agent secret au service des États-Unis. À défaut d'un ravin dans lequel le jeter (et un chien mort après lui), le corps de Pete Ellis est placé dans un cercueil, puis inhumé en présence des quelques rares personnes qui le fréquentaient à Koror.

Capitale de l'archipel des Palaos (bien que la république éponyme en ait établi une autre, virtuelle, dans un bled du nom de Melekeok), Koror présente aujourd'hui l'aspect d'une petite ville américaine assez moche, écrasée de chaleur en milieu de journée, envahie depuis peu par des touristes chinois si nombreux que les autorités envisagent de prendre des mesures législatives pour en limiter l'afflux. Si l'un d'entre eux, contre toute attente, exprimait le désir de visiter la tombe de Pete Ellis, nul ne serait en mesure de la lui indiquer, pour la bonne raison qu'il n'existe plus rien de tel à Koror. En effet, sitôt connue la nouvelle de sa mort – laquelle ne pouvait manquer de susciter un certain embarras des autorités américaines, et plus particulièrement de l'état-major des Marines –, l'attaché naval à Tokyo, de concert avec Ulysses S. Webb, le directeur de l'hôpital naval de Yokohama, désigna le chef-pharmacien de cet établissement, un certain Lawrence Zembsch, pour se rendre sur l'île de Koror (avec l'accord des autorités japonaises, qui ne disposaient d'aucune information désignant ce pharmacien comme un espion), afin d'y reconnaître la dépouille de Pete Ellis et de la rapatrier. Et également, si possible, d'éclaircir les circonstances, tout de même assez obscures, de sa mort. Le 4 juin 1923, à Yokohama, Lawrence Zembsch embarque sur le *Tango Maru* – un bateau que Pete Ellis a lui-même emprunté, jadis, mais sur un autre trajet –, à destination de l'archipel des Palaos (dans une version cinématographique des aventures de Pete Ellis, et des événements subséquents, on passerait beaucoup de temps à naviguer dans le Pacifique d'île en île, et c'est ce qui nous fait regretter, entre autres, qu'aucun film n'ait jamais été réalisé sur ce sujet). Deux mois passent sans que le pharmacien donne de ses nouvelles – aussi étrange que cela puisse paraître, même compte tenu de la lenteur et de la rareté, à l'époque, des moyens de communication –, jusqu'à ce que les autorités navales japonaises, le 3 août, informent leurs interlocuteurs américains que le *Tango Maru* est de retour à Yokohama avec Lawrence Zembsch à son bord. Ou plutôt l'ombre de Lawrence Zembsch. Car c'est un être hagard (« ayant apparemment perdu la raison », écrivent Bartlett et Ballendorf) que la délégation américaine découvre prostré dans sa cabine, hirsute, pas lavé, serrant sur son cœur, ou peu s'en faut, une urne contenant les cendres de Pete Ellis. À ce point, il faudrait la sagacité d'un Tintin, secondé par le capitaine Haddock, pour tirer l'affaire au clair. En gros, après avoir eu la peau de Pete Ellis, les Japonais, à l'instar de leur compatriote Mitsuhirato dans *Le Lotus bleu*, auraient-ils inoculé à Lawrence Zembsch une dose de radjaïdjah, le poison qui rend fou ? Dans ses rares moments de lucidité, il semble que le pharmacien profère à l'encontre des Japonais les accusations les plus graves, mais sans apporter aucune preuve de ce qu'il avance. D'ailleurs si les Japonais avaient été responsables – autrement que par négligence – de la mort d'Ellis, auraient-ils laissé un émissaire américain se rendre à Koror pour y enquêter sur les circonstances de celle-ci ? Et pourquoi ce même Lawrence Zembsch, s'il nourrissait de tels soupçons, aurait-il accepté que le corps d'Ellis soit incinéré en sa présence – comme divers témoignages, recueillis sur place après coup, tendent à le confirmer –, sans exiger qu'il soit au préalable autopsié ? Le plus simple, sans doute, aurait été d'attendre qu'il ait repris ses esprits pour le lui demander. Mais quelques semaines après son retour de Koror, le 1er septembre 1923, à 11 h 58 du matin, le fameux tremblement de terre de Kantô, qui devait faire plus de cent mille victimes, ensevelit Lawrence Zembsch, et son épouse avec lui, sous les décombres de l'hôpital naval de Yokohama.

Partie intégrante de l'archipel (et de la République) des Palaos, l'île de Peleliu est située dans le sud de l'île de Koror, à vingt-cinq nautiques de celle-ci, et à environ une heure de mer, désormais, si l'on emprunte la vedette qui assure cette desserte trois ou quatre fois par semaine (le mardi, la vedette transporte les fûts d'essence destinés à la consommation hebdomadaire de Peleliu, et elle ne prend pas de passagers). Il ne semble pas que Pete Ellis l'ait jamais visitée, quelque désir qu'il en eût, et bien qu'elle fût appelée à jouer un rôle notable dans cette stratégie du Island Hopping dont il avait eu l'intuition. Longue d'une dizaine de kilomètres, l'île présente la forme d'une pince de homard aux mâchoires inégalement développées, la mâchoire supérieure plus longue et plus épaisse que l'inférieure, dans l'intervalle desquelles s'enfonce un bras de mer recouvert en partie de mangrove (celle-ci abritant en petit nombre des crocodiles de la variété *porosus*, la plus dangereuse). Son rivage oriental est accore, son rivage occidental prolongé en mer par un récif, affleurant à marée basse, dont la largeur varie sans qu'elle soit jamais inférieure à quelques centaines de mètres. La mâchoire supérieure de la pince, dans sa partie centrale, présente une succession, ou plutôt un enchevêtrement, d'arêtes et de pitons rocheux, faits de calcaire corallien, percés de nombreuses grottes, culminant à l'altitude modeste de 550 pieds, recouverts par une végétation qui les rend de nouveau indiscernables, comme ils l'étaient sur les photos prises par l'aviation américaine en préalable au débarquement (et comme ils cessèrent de l'être, momentanément, après la destruction de cette végétation par le napalm, une arme nouvelle que les Américains venaient de tester avec succès à Tinian). Au nord de l'île, séparé de celle-ci par un chenal que l'on pourrait franchir à la nage s'il n'était agité de courants violents, s'étend l'îlot de Ngesebus (ou Ngerumekaol), et au sud, à plusieurs milles de distance, l'île d'Angaur (ou Ngeaur) : avant 1914, année de leur éviction par les Japonais, les Allemands, pour détecter les émanations de gaz toxique dans les mines de phosphate, avaient acclimaté sur cette île des macaques mangeurs de crabes (*Macaca fascicularis*), qui se sont depuis multipliés au point d'entraîner une raréfaction dramatique des oiseaux (car en dépit de ce que son nom suggère, cette variété de macaques ne se nourrit pas que de crabes).

Selon les estimations, la population actuelle de Peleliu varie entre 500 et 700 habitants, regroupés pour la plupart au nord de l'île dans le village de Kloulklubed (un nom que même après plusieurs années de résidence, certains de ses habitants philippins ne parviennent toujours pas à mémoriser). Avant leur évacuation ou leur expulsion par les Japonais, dans le cadre de la transformation de l'île en forteresse, les habitants étaient disséminés entre plusieurs autres villages qui n'ont pas été reconstruits après la guerre, mais dont les noms, de même que les cimetières, ont été parfois conservés : de telle sorte que ce qui apparaît sur les cartes de l'île, d'ailleurs approximatives, comme un village, peut s'avérer à l'usage n'être qu'un regroupement plus ou moins nombreux de sépultures. La partie sud de l'île étant généralement plane, les Japonais, avec le concours de quelques centaines de Coréens astreints au travail forcé, y avaient aménagé dans les années quarante un aérodrome présentant la forme d'un 4, susceptible d'accueillir et de maintenir un grand nombre d'avions de combat, tant de chasse que de bombardement. L'îlot de Ngesebus disposait également d'une piste d'aviation, mais de qualité moindre. Au moment où l'assaut contre l'île avait été pour la première fois envisagé, sans doute ces commodités, de concert avec la base navale installée plus au nord dans l'île de Malakal, représentaient-elles une menace sérieuse pour les Américains, particulièrement dans la perspective d'un prochain débarquement aux Philippines. Mais entre-temps la puissance aéronavale américaine s'était déployée dans le Pacifique avec une telle ampleur, elle avait fait un tel carnage de navires et d'avions japonais, que l'île de Peleliu, et le reste de l'archipel des Palaos, auraient pu sans doute être laissés de côté, comme avaient été laissés de côté l'atoll de Truk, par exemple, et la base navale géante qu'il abritait, après que les raids menés à la mi-février 1944 par plus de six cents appareils, embarqués sur douze porte-avions, eurent réduit cette dernière en un monceau de décombres. Un peu plus tard, dans les derniers jours du mois de mars, cependant que des avions torpilleurs criblaient le port de Malakal d'assez de mines pour le mettre définitivement hors d'usage, des essaims de chasseurs et de bombardiers en piqué avaient fait subir à l'aérodrome de Peleliu un traitement comparable à celui de la base de Truk, détruisant trente-six avions japonais au sol et quatre-vingt-treize dans des combats aériens. L'auteur qui cite ces chiffres – Bill D. Ross, dans son livre *Peleliu, Tragic Triumph* – ajoute qu'après ce raid, il ne devait plus rester sur Peleliu qu'une douzaine de chasseurs Zero en état de prendre l'air. Aucun récit de la bataille à venir ne fait d'ailleurs apparaître le moindre chasseur Zero. Quant au sous-titre de l'ouvrage de Bill D. Ross – *The untold story of the Pacific war's forgotten battle* (« L'histoire inédite de la bataille oubliée de la guerre du Pacifique ») –, il traduit ce sentiment, exprimé par d'autres ouvrages du même genre, et démenti par leur abondance même, que la bataille de Peleliu, parce qu'elle s'est avérée inutile, ou d'une utilité discutable compte tenu de son coût en vies humaines, aurait été délibérément oubliée, ou « occultée », par l'histoire officielle. Peut-être était-ce encore vrai en 1991, à l'époque où Bill D. Ross a publié son livre. Même si une dizaine d'années auparavant, la marine des États-Unis avait pris livraison d'un porte-hélicoptères d'assaut baptisé du nom de *Peleliu* (il est vrai que l'US Navy dispose d'un si grand nombre de navires que le fait d'en nommer un d'après cette bataille ne témoigne pas nécessairement d'une volonté affirmée d'en perpétuer le souvenir), comme l'atteste la photographie de ce dernier, encadrée de colifichets, qui trône à Kloulklubed dans les locaux du Government Office, au-dessus des pupitres où de petits fonctionnaires des deux sexes, aimables et nonchalants, en léger surpoids pour la plupart, délivrent ou renouvellent des documents tels que le permis (valable dix jours) de circuler dans l'île à bicyclette. Ou celui, un peu plus cher, autorisant l'usage d'un kayak.

Les dimensions de l'île sont telles qu'il est aisé de s'y déplacer à vélo, de préférence tout-terrain, même si l'absence de signalisation et l'imprécision des cartes font qu'il est également facile de s'y perdre, au moins dans les premiers jours, et pour peu que l'on s'écarte de la route principale, celle qui le long de la côte ouest relie North Dock à Camp Beck Dock. Depuis la pointe nord de l'île, un peu plus loin que l'embarcadère des vedettes en provenance ou à destination de Koror, on aperçoit à distance (une distance que l'on serait bien en peine d'évaluer), là où la mer se brise sur le récif corallien, une masse incessamment renouvelée d'écume blanche, étincelante, d'une hauteur constante, que la réverbération de la lumière, son poudroiement, font apparaître comme irrégulièrement fractionnée, divisée en rectangles d'une longueur inégale, tel un alignement de caravanes sur le littoral camarguais. Et de cette ligne continuellement reformée de brisants, en ce point du rivage comme en n'importe quel autre, il émane une rumeur qui jamais ne s'interrompt, uniforme, à la différence des sonorités alternées que produit le ressac sur une plage de sable ou de galets, évoquant par moments le roulement d'un convoi ferroviaire ou le grondement d'un avion au décollage : telle enfin que de nuit, tous les autres bruits suspendus, elle peut faire naître dans un esprit tourmenté l'illusion que la mer est en train de se retirer comme elle le ferait à l'approche d'un tsunami. À l'entrée du village de Kloulklubed, la route laisse sur sa gauche les tombes jumelles du premier président de la République des Palaos, Haruo Remeliik, assassiné en 1985 dans des circonstances équivoques, et d'un autre dignitaire décédé de causes naturelles. Puis sur quelques centaines de mètres elle devient la rue principale du village, bordée de maisons basses, couvertes en Eternit, parmi lesquelles trois épiceries tenues par des dames philippines, proposant un choix limité d'articles dont beaucoup sont importés des États-Unis. On observe que les chiens, jaunes pour la plupart, sont nombreux à se vautrer sur le bas-côté de la route et jusqu'au milieu de celle-ci, indifférents à ce qui se passe autour d'eux, l'œil mi-clos, ainsi que l'on se représentait autrefois les clients d'une fumerie d'opium. Et à l'intérieur même du village, sur les pelouses, une extraordinaire abondance de pluviers dorés, peu farouches, et une abondance à peine moindre de râles à sourcils blancs (ou quel que soit le nom scientifique de cette espèce), plus prompts à prendre la fuite.

Peut-être le moment est-il venu de parler des poules : l'île est littéralement infestée de ces dernières, et des coqs qui vont avec, jusque dans ses parties les plus reculées (la mangrove est le seul endroit où l'on soit assuré de ne pas entendre un coq chanter, sans doute parce que les crocodiles ont la réputation d'être friands de poulet). Ces poules, indéniablement, sont sauvages, ou au moins la plupart d'entre elles, comme l'attestent leur petite taille, leur plumage uniformément sombre (ou celui, présentant des rayures, de leurs poussins), leur aptitude au vol ou leur distance de fuite, bien supérieure à celle des poules domestiques. D'ailleurs poules et coqs de Peleliu sont en tout point semblables à ceux que l'on peut observer dans les forêts des piémonts de l'Himalaya, le berceau de leur espèce. Et les ouvrages spécialisés confirment qu'elles ont été introduites dans les îles par les premiers habitants de celles-ci, avant de retourner pour certaines à l'état sauvage. Cette sauvagerie des poules, et leur abondance, sont si caractéristiques de Peleliu que l'on peut s'étonner de ne les trouver mentionnées nulle part dans les récits de la bataille : sans doute les combattants avaient-ils des soucis plus pressants, mais enfin cela n'empêche pas E.B. Sledge, par exemple, l'auteur de *With the Old Breed*, de mentionner le serpent mort qu'il vit en prenant pied sur la plage, le matin du débarquement, ni même de préciser qu'il mesurait « environ dix-huit pouces de longueur », ou qu'il était « coloré, plus ou moins comme les espèces américaines qu'[il] avai[t] élevées comme animaux de compagnie » dans son enfance. Un peu plus loin, Sledge, dont le bataillon progresse avec difficulté à travers la mangrove, sur la côte est de l'île, observe un couple de frégates nichant en haut d'un arbre – de retour à la vie civile, Sledge devait enseigner la microbiologie et l'ornithologie dans une université de l'Alabama –, et note que le mâle, n'accordant que « peu d'intérêt » à sa présence, se met à « gonfler sa vaste poche rouge pour impressionner sa compagne ». Après quoi il « déploie sa large envergure et fait claquer son long bec crochu », à l'instar des oiseaux du même genre qu'il a vus planer, enfant, au-dessus du golfe du Texas. Il est vrai que Sledge, guerrier sensible, se fait aussitôt rappeler à l'ordre, dans son récit, par l'un de ses camarades, et que le caporal de sa section de mortiers, R.V. Burgin, dans son livre *Islands of the Damned*, publié une trentaine d'années après celui de Sledge, évoque cet épisode avec une certaine acrimonie, imputable peut-être à la popularité que Sledge, mort entre-temps, s'était assurée aux États-Unis avec *With the Old Breed* : « Sledge était en train de bayer aux corneilles, écrit Burgin, et je dus lui enjoindre de rester concentré sur le business. » Injonction d'autant plus justifiée, a posteriori, que quelques heures plus tard, toujours dans la mangrove et au milieu d'une nuit sans lune, le maître-chien de leur compagnie allait devenir fou et se mettre à hurler sans relâche, au risque d'attirer l'attention et le feu des Japonais, contraignant l'un de ses camarades à l'assommer mortellement à coups de pelle.

Après la poule, le pluvier doré – celui-ci en saison, car il s'agit d'un oiseau migrateur – et le râle à sourcils blancs, il se peut que l'animal le plus visible à Peleliu soit le crabe de terre. Sans doute est-ce aussi le plus nombreux. Après un épisode pluvieux, le crabe de terre traverse volontiers la route, seul ou en groupe, prêt à tomber en garde, pinces érigées, si l'on fait mine de vouloir s'en saisir (car le crabe de terre est un mets recherché, et il le sait). La route autrement ne ménage que peu de distractions, elle est généralement plate, avec un ou deux passages un peu plus escarpés, son revêtement de calcaire corallien, blanc et pulvérulent, brillant en milieu de journée d'un éclat presque insoutenable à l'œil nu. Il est vraisemblable qu'au moins ce revêtement a été refait par les Américains après leur conquête de l'île, et que les empreintes de chars, ou d'autres véhicules à chenilles, que l'on y remarque çà et là, sont donc postérieures à la bataille, contrairement aux empreintes semblables que présentent des routes secondaires apparemment demeurées dans leur état d'origine. Du côté gauche de la route, dans le sens nord-sud, et sur environ la moitié de la longueur du trajet, le relief extrêmement compliqué des crêtes d'Umurbrogol – que les Américains rebaptisèrent du nom de Bloody Nose Ridge – disparaît de nouveau, comme on l'a déjà vu, sous une végétation que sa densité rend difficilement pénétrable. Du côté droit, la même végétation, engraissée au napalm, croît entre la route et la mer – ou plutôt le récif, découvert et parsemé de flaques à marée basse –, celle-ci bordée de plages étroites, le plus souvent impropres à la baignade, et sur lesquelles, dans la partie sud de l'île, au matin du 15 septembre 1944, déferlèrent par vagues successives les hommes et le matériel des trois régiments d'infanterie composant la première division du corps des Marines.

Ou du moins ceux des hommes, et cette partie du matériel, qui n'avaient pas été mis hors de combat avant même de toucher les plages, lors de la traversée du récif, par les tirs remarquablement ajustés de l'artillerie, des mitrailleuses ou des mortiers japonais.

Mais voici que la route, après avoir décrit un angle droit, se divise en deux branches, dont l'une mène à l'embarcadère de Camp Beck Dock, fréquenté surtout, dorénavant, par des plongeurs sous-marins, l'autre au Peace Memorial Park aménagé à la pointe extrême de l'île. Dans cette direction, la route débouche bientôt sur la côte est, et sur la plage désignée dans la terminologie du débarquement comme Scarlet Beach. À quelque distance de celle-ci s'étend l'île d'Omidkil, accessible à pied dans certaines conditions de marée, dont la végétation a été dévastée en décembre 2012 par le passage du typhon Bopha. En face de cette île d'Omidkil, sur Scarlet Beach, et sur toute l'étendue d'eau peu profonde qui l'en sépare, l'ouragan a dispersé les arbres qu'il venait d'arracher, leurs troncs nus, comme fossilisés, déployant dans les airs un éventail de racines semblables à de géantes araignées noires. Sur la plage, les amas formés par ces arbres enchevêtrés sont généralement infranchissables. D'ailleurs l'île d'Omidkil est elle-même l'un des endroits du monde sur lesquels il est le plus difficile de marcher, son sol, même là où ne gisent pas des arbres arrachés, n'étant fait pratiquement que de trous, séparés par les arêtes vives et tranchantes de blocs de corail entassés dans un incroyable désordre. C'est à se demander comment la nature elle-même, certes déchaînée, a pu engendrer pareil foutoir. Et par-dessus le marché des noddis – une variété sombre de sternes –, qui sont des oiseaux assez laids, il faut en convenir, et ne parlons pas de leurs cris, exercent sur ce chaos une sorte de tutelle, exécutant des vols d'intimidation au-dessus de quiconque a la curiosité de s'y aventurer (que des hommes aient pu progresser sur ce terrain en se faisant par surcroît tirer dessus passe l'imagination). La plage qui fait face à l'île d'Omidkil, divisée en deux par l'isthme qui à marée basse relie la seconde à la terre ferme, cette plage, dans sa partie la plus au sud, est la seule, sur l'île de Peleliu, que la houle du Pacifique atteigne dans toute sa puissance, aucun récif ne l'ayant arrêtée en cours de route. Et dans la hauteur de ses vagues, juste avant qu'elles ne se brisent, le fond de la mer apparaît avec une netteté parfaite, comme à travers la vitre d'un aquarium, mais curieusement redressé à la verticale, dans un plan perpendiculaire à celui qu'occupent réellement les objets ainsi reflétés.

Les soldats qui pendant plus de deux mois se sont entre-tués dans ce décor, animés d'une haine mutuelle dont le livre de Sledge, parmi d'autres, souligne l'extraordinaire intensité (telle qu'elle s'exprime notamment, de part et d'autre, par la mutilation de cadavres ou la liquidation de prisonniers), que penseraient-ils du Peace Memorial érigé à la pointe sud de l'île ? D'abord, et pour peu qu'ils se soucient de ce genre de détails, ils observeraient que ce monument est de qualité médiocre, quel que soit le mal que l'on se donne pour le rafraîchir, en ces premiers jours du mois de mars 2015, dans la perspective d'une prochaine visite de l'empereur du Japon et de son impératrice. Par bonheur, et sans doute à dessein, on l'a érigé en un point du littoral où celui-ci forme au-dessus de la mer une sorte de balcon, ou d'encorbellement, sous lequel les vagues s'engouffrent, percé de plusieurs trous d'où l'écume rejaillit, lorsque la vague est de taille adéquate, avec assez de force pour que la gerbe qui en résulte, et le bruit qu'elle fait, évoquent avec un certain réalisme l'explosion d'une bombe ou d'un projectile de gros calibre. En milieu de journée, les ouvriers qui travaillent sur le chantier de restauration sont assoupis, allongés à l'ombre des casuarinas ou d'autres grands arbres. Seul le chef de chantier, japonais, se tient debout, comme sur les lieux d'une embuscade un officier ayant survécu à l'anéantissement de sa section. Puis quand le travail reprend, des ouvriers, équipés de sécateurs télescopiques emmanchés sur de longues perches, s'emploient à cisailler en altitude de petites branches qui dépassent, réduisant ainsi le risque que fiente sur le costume de l'empereur, ou sur la robe de l'impératrice, l'un des oiseaux de mer – noddis, sternes, pailles-en-queue – qui en cette saison sont nombreux à se reproduire dans les parages.

Si peu que vous ayez débarqué, vous vous doutez que la peur est le sentiment qui anime tout homme normal à la veille d'un débarquement. William Styron, l'auteur de *La Proie des flammes* et du *Choix de Sophie*, n'a jamais débarqué à Peleliu, ni d'ailleurs où que ce soit. Non moins délibérément que Sledge, cependant, et dans le même contexte que celui-ci, il s'était engagé dans le corps des Marines : mais tandis que le premier, impatient d'en découdre, écourtait la formation d'officier qu'il avait entreprise et rejoignait en tant que simple soldat une unité combattante, Styron poursuivait une telle formation, et lorsqu'il se retrouva dans le Pacifique, avec le grade de sous-lieutenant – le grade qui essuya le plus fort pourcentage de pertes dans les combats contre les Japonais –, la guerre était sur le point de prendre fin. Au demeurant, dans deux récits où il évoque les derniers mois de celle-ci – *Z comme zéro* et *La Maison de mon père* –, Styron revient sur son expérience de Marine, et plus particulièrement, dans le second, sur le séjour qu'il fit dans l'île de Saipan, alors qu'au loin se déroulait la bataille d'Okinawa, dans l'attente de ce débarquement ultime, au cœur même du Japon, qui promettait d'être le plus meurtrier mais qui ne devait jamais avoir lieu. Ce dont parle Styron, ce n'est donc pas du débarquement lui-même, mais des sentiments qu'il éprouve à l'approche de cette échéance : lesquels, en sus d'une dose variable d'exaltation guerrière, stimulée par cette haine déjà mentionnée pour les « Nips », se composent principalement d'une trouille effroyable. Styron, qui semble avoir ressenti pendant le reste de ses jours une certaine fierté d'avoir appartenu dans sa jeunesse au corps des Marines, en même temps qu'une non moindre perplexité à ce sujet – fierté et perplexité qu'illustre notamment le portrait contrasté qu'il fait dans ses nouvelles de quelques officiers, en particulier ce colonel Marriott que sa qualité de soldat d'élite n'empêche pas d'être un spécialiste de Flaubert, ou cet autre colonel, surnommé « Happy Halloran », d'un modèle plus rustique, remarquable par sa moustache en crocs, dont l'humeur primesautière, ou la désinvolture vis-à-vis de la hiérarchie, de même que les exploits guerriers dont il porte les stigmates, lui inspirent dans le contexte particulier de cette veille de débarquement un sentiment teinté d'une nuance d'ironie (ou de condescendance intellectuelle, du fait de son peu de culture) mais cependant assez voisin de l'adoration –, Styron n'y va pas avec le dos de la cuiller lorsqu'il s'agit d'évoquer sa propre peur : « Couché sur mon lit de camp, écrit-il dans *La Maison de mon père*, je sentais [...] une peur vile et glaçante s'emparer de ma chair comme une maladie incompréhensible. » Et plus loin : « Est-ce que mes compagnons de tente [...], les deux chefs de section dont les lits de camp étaient tout près du mien, ressentaient la même hantise ? Est-ce que leurs entrailles se liquéfiaient comme les miennes à la simple pensée de l'invasion proche ? » Et cette peur est entretenue jour après jour, nuit après nuit, par le va-et-vient incessant des ambulances acheminant les blessés d'Okinawa jusqu'à l'hôpital militaire situé sur le littoral de Saipan à proximité de son cantonnement. À la longue, elle prend de telles proportions que le narrateur de *La Maison de mon père* envisage de se suicider pour s'y soustraire : la nuit, tripotant dans l'obscurité le métal froid et gras d'huile du fusil disposé à portée de sa main, il songe à « la petite farce solitaire [...] mentalement répétée tant de fois ». « L'idée de cette nuit à venir, poursuit-il, emplissait mon esprit comme un battement de cœur extatique. J'ignorais quand elle arriverait mais je savais sans l'ombre d'un doute qu'elle aurait lieu, et bientôt, cette nuit au cours de laquelle [...] je mettrais fin à ma peur pour toujours. » Si Styron, ou le narrateur de ses nouvelles, évitera d'en venir à de telles extrémités, cette question du suicide au combat, ou dans les intervalles de celui-ci, et qu'il soit motivé ou non par la peur de retourner dans le « meat grinder » (le hachoir à viande), apparaît sous la plume de plusieurs des auteurs qui ont écrit sur Peleliu. Non pas, d'ailleurs, à propos de la bataille elle-même, dans le tumulte de laquelle un accident de ce genre peut facilement passer inaperçu, mais plutôt de la période qui l'a précédée, lorsque les troupes appelées à débarquer prochainement étaient cantonnées sur l'île de Pavuvu, dans l'archipel des Salomon. Ainsi Bill D. Ross, dans son livre déjà cité, mentionne-t-il sans plus de précisions le cas d'« un capitaine très aimé », pas encore trentenaire, ayant survécu à un précédent assaut sur une île de Nouvelle-Bretagne, qui se serait suicidé à Pavuvu d'un coup de pistolet. Et celui d'un simple soldat qui aurait fait de même, mais d'un coup de fusil. Plus emphatique, Bill Sloan, dans *Brotherhood of Heroes* – un livre publié quatorze ans après celui de Ross –, cite sur le même sujet le témoignage tardif d'un certain Bill Leyden, à l'époque soldat de première classe, d'après lequel « il ne se passait guère de nuit [sur Pavuvu] sans qu'on entende le bruit d'un coup de fusil ». Une proposition dont la formulation laisse rêveur : car même loin des combats, sur une île occupée par quelques milliers de soldats certes disciplinés, mais nerveux, il peut se présenter toutes sortes d'occasions justifiant que soient tirés dans la nuit des coups de fusil. Quant à Burgin, le dur à cuire, toutes ces spéculations au sujet des suicides de soldats l'énervent encore près de soixante-dix ans plus tard. « J'ai servi dans le corps des Marines de 1943 à 1945, écrit-il dans *Islands of the Damned*, et je ne connais qu'un cas de suicide survenu pendant cette période [...], il y avait toujours des rumeurs, particulièrement sur Pavuvu [...]. Ce qu'il y a de curieux, c'est que ça ne se passait jamais *là*. Cela se passait toujours ailleurs. Il n'existe aucune preuve que cela se soit passé quelque part. »

Pavuvu : la plupart des auteurs qui ont écrit sur cette île, à propos du séjour de près de trois mois qu'y fit la première division de Marines avant son embarquement pour Peleliu, la décrivent comme une sorte d'enfer sur terre. Un enfer hors de la guerre, toutefois, ce qui vaut toujours mieux qu'une île paradisiaque en proie à celle-ci. À distance, comme la plupart des îles du Pacifique, Pavuvu devait apparaître comme un séjour agréable, avec ses plages de sable blanc bordées d'un liseré de cocotiers. Mais de ces cocotiers, en toute logique, tombaient de loin en loin des noix de coco, qui à force de n'être plus ramassées, depuis que l'exploitation du copra avait été interrompue par la guerre, avaient formé sur le sol des amas pourrissants et fétides, dans lesquels on enfonçait jusqu'à mi-mollet. Par surcroît, cette profusion de noix de coco avait entraîné une explosion démographique de deux espèces animales elles-mêmes répugnantes, les rats et les crabes de terre, ces derniers atteignant sur l'île de Pavuvu une taille qui selon les témoins varie de celle d'un poing à celle d'une assiette, et d'une audace telle, là-dessus tous les témoignages concordent, qu'ils pullulaient jusque sous les tentes, et qu'en se rechaussant, le matin, les soldats en retrouvaient presque toujours deux ou trois nichés dans leurs godillots (d'où il ressort, incidemment, qu'ils ne pouvaient guère présenter la taille d'une assiette). Habituellement peu enclin à s'appesantir sur des détails de ce genre, Burgin observe que leur couleur bleu-noir évoquait celle d'un hématome. Et lorsque les Marines, excédés, parvenaient à en rassembler un grand nombre, à les asperger d'essence et à les incinérer – dans une sorte d'entraînement à la technique du lance-flammes, à laquelle ils allaient recourir massivement à Peleliu –, il se dégageait de ces bûchers, après coup, une puanteur qui le disputait à celle émanant de la décomposition des noix de coco. D'autre part le sol de Pavuvu est gorgé d'eau, les insectes malfaisants y pullulent, la nourriture est infecte, les corvées éreintantes, de telle sorte que l'idée se fait jour chez certains, le livre de Sledge en témoigne, que ces conditions déplorables pourraient ne pas relever du seul hasard mais être favorisées par l'encadrement, ou du moins exploitées par celui-ci, afin de développer chez les Marines, en particulier les nouveaux, ceux qui n'ont encore aucune expérience du combat, un état d'exaspération, de fureur, momentanément sans objet, mais propice à ce que l'on attend d'eux par la suite.

« La semaine précédente, écrit Styron à propos de son propre séjour sur l'île de Saipan, Bob Hope y avait donné un concert pour tous les soldats [...], il avait été extrêmement drôle, d'un humour généreux, et il avait amené une troupe de danseuses, des filles splendides en string et boa [...] qui montraient une quantité stupéfiante de chair nue et se trémoussaient du derrière devant une foule en délire. » Ce show de Bob Hope, qu'il assurait généralement en compagnie du comique Jerry Colonna, du guitariste Tony Romano, de la chanteuse Frances Langford et de la danseuse Patti Thomas – la seconde, d'après les films d'époque, montrant un peu plus de chair nue que la première, remarquable surtout, quant à elle, par l'espèce de filet à provisions dans lequel elle retenait sa surabondante chevelure blonde –, ce show de Bob Hope devait procurer aux Marines stationnés sur l'île de Pavuvu le seul bon souvenir qu'ils conserveraient de ce séjour. Encore ne le virent-ils que par chance, et parce que Bob Hope, en visite sur l'île voisine de Banika, où la marine des États-Unis avait établi depuis peu une base importante, ayant entendu parler des quelques milliers de malheureux qui se morfondaient à Pavuvu dans l'attente d'un débarquement, obtint de la hiérarchie l'autorisation de s'y rendre, avec sa troupe, et d'y donner une représentation impromptue (Bob Hope, comme les amateurs d'aéronautique seront certainement curieux de l'apprendre, était arrivé à Banika à bord d'un hydravion Catalina ; quant au vol de Banika à Pavuvu, il se fit à bord de plusieurs Piper Cub – un avion léger d'observation –, la seconde de ces îles n'étant pas équipée pour recevoir des avions plus lourds : et même aux commandes d'un Piper

Cub, selon le témoignage d'un des pilotes, se poser sur Pavuvu, ou en décoller, n'était pas une partie de plaisir). Dans une de ses dernières interviews, Bob Hope – qui mourut centenaire en 2003, après avoir diverti les troupes américaines pendant un demi-siècle, depuis les îles du Pacifique jusqu'aux sables de l'Arabie Saoudite – se souvient de cette circonstance comme du « show le plus émouvant » qu'il ait jamais assuré. « Les quinze mille mômes, ajoute-t-il, s'apprêtaient à envahir Peleliu, d'où soixante pour cent d'entre eux ne reviendraient pas. » Un chiffre tout de même excessif, comme le fait remarquer Burgin, puisque la première division de Marines ne devait perdre à Peleliu, morts et blessés confondus, qu'environ trente pour cent de son effectif.

Ah ! Que n'a-t-il prévalu, l'avis négatif émis in extremis par l'amiral William Halsey, dit « Bull » Halsey, qui venait de tester les défenses japonaises dans le sud de l'archipel philippin et les avait trouvées plutôt molles (assez molles, en tout cas, pour que l'invasion de Peleliu ne lui apparaisse plus comme un préalable nécessaire à un débarquement aux Philippines). Mais le commandant en chef des opérations dans le Pacifique, l'amiral Chester Nimitz, n'en a pas tenu compte, quelle que fût l'autorité de « Bull » Halsey, estimant peut-être que cet avis venait trop tard, alors que déjà la flotte de débarquement était en route, avec à son bord quelque 16 500 Marines de la première division et tout leur matériel. Cette flotte de débarquement – composée d'une trentaine de LST (landing ship, tank : des navires spécialisés embarquant chacun plusieurs centaines d'hommes et une quinzaine de chars ou de véhicules amphibies) auxquels se sont joints, ou se joindront en cours de route, à côté d'autres transports de troupes, cinq cuirassés, trois porte-avions lourds et cinq porte-avions d'escorte, enveloppés d'une nuée de croiseurs, de destroyers et de torpilleurs –, il nous plaît de l'imaginer naviguant de nuit, tous feux éteints, sur les eaux noires et lisses du Pacifique, chacun de ses éléments changeant de cap tous les quarts d'heure, dans un étrange et dangereux ballet nautique, afin de compliquer la tâche des sous-marins japonais s'il s'en trouve. Pour peu qu'il y ait du plancton en abondance, et que la nuit soit suffisamment obscure, peut-être le sillon zigzagant que tracent à la surface de la mer tous ces navires est-il pailleté de luminescences, encore qu'aucun récit de la traversée ne mentionne un tel phénomène. Cependant Burgin, plus rêveur que nous ne l'avions cru tout d'abord, signale que dans la journée, accoudé au bastingage, il regarde avec plaisir des marsouins jouer dans le sillage de son LST, le 661, lequel progresse invariablement à la vitesse de 7 nœuds (à peine le double de celle d'un bon marcheur), et des poissons volants « planer au-dessus de la crête des vagues ». Sa section de mortiers, celle qui compte également Sledge dans ses rangs, a la chance relative d'être logée à bord dans le château, avec un accès plus facile au pont, et à l'air libre, que le reste des troupes, le plus souvent confinées dans les étages inférieurs du navire. Au fil de cette traversée de onze jours, rythmée par les longues attentes pour accéder aux chiottes ou à la nourriture, par les exercices, les séances de vérification des paquetages ou de graissage des armes, les annonces au haut-parleur introduites par ces trois mots : « Now hear this ! » que l'on ne peut guère traduire que par « Maintenant écoutez ça ! », traversée lors de laquelle il n'est pas difficile d'imaginer que l'angoisse et la tension vont croissant, une autre distraction mentionnée par Burgin, en plus de l'observation des cétacés ou des poissons volants, consiste à reprendre en chœur des chansons telles que *San Antonio Rose* ou *Red River Valley*, pour ne citer que deux de ses préférées, accompagnées à la guitare par ce lieutenant Jones, dit « Hillbilly » Jones, appelé à se faire tuer peu après, mais qui en attendant commande la section de mitrailleuses de la compagnie K, celle de Burgin, où il jouit d'une popularité également attestée par le récit de Sledge.

Trois jours avant le débarquement, le 12 septembre 1944, la flotte de soutien (Fire Support Group), déployée sur environ douze milles de large à une distance variable du rivage, soumet le dispositif japonais sur l'île de Peleliu à un bombardement d'une intensité formidable. À 5 heures 30 du matin, soit environ une demi-heure avant le lever du jour, le bal est ouvert par l'artillerie navale, en particulier les pièces de 16 et 14 pouces (406 et 355 mm) des cuirassés, appuyées par les pièces de 8 pouces des croiseurs lourds, les pièces de 6 et 5 pouces des croiseurs plus légers. Au bout d'une demi-heure, et donc au lever du jour, l'artillerie navale se tait, momentanément, pour passer le relais à l'aviation embarquée, soit au total quelque 400 appareils issus des trois grands porte-avions et des cinq porte-avions d'escorte, armés de bombes de 250 kg et de canisters de napalm, et complétant le travail, une fois larguées leurs bombes, par des passes de mitraillage. Et ainsi de suite, de demi-heure en demi-heure, bombardements navals et bombardements aériens s'enchaînant sans discontinuer jusqu'à la tombée de la nuit. Le lendemain, au terme d'une journée en tout point semblable à la précédente, et contrairement au plan initial qui prévoyait d'étendre ce traitement sur trois jours, le contre-amiral Oldendorf, estimant avec une certaine légèreté qu'il est « à court de cibles » (« run out of targets »), dans la mesure où tous les édifices qui dépassaient du sol ont été effectivement rectifiés, décide d'interrompre le bombardement et de se retirer au large avec sa flotte. Cependant Oldendorf, au fur et à mesure que se dissipait la fumée dont l'île était enveloppée, n'avait pu manquer d'observer que le relief de celle-ci, une fois dépouillé de sa végétation, présentait un aspect beaucoup plus inquiétant, avec ses crêtes et ses ravins enchevêtrés, que sur les photographies aériennes antérieures au bombardement. Et à défaut de distinguer les centaines de grottes, naturelles ou artificielles, dont ce relief était truffé, sans doute avait-il remarqué que les Japonais, pendant toute la durée du pilonnage, s'étaient abstenus de riposter, afin de ne pas révéler les emplacements de leur propre artillerie. La journée du lendemain, 14 septembre, veille du débarquement, fut donc pour la garnison japonaise, contre toute attente, une journée calme, qu'elle put mettre à profit pour reprendre son souffle, réparer ce qui pouvait l'être et peaufiner le réglage de ses armes, intactes pour la plupart, dans la multitude de grottes ou d'indiscernables bunkers où elles étaient abritées. Au cinéma, il n'y a guère que dans le courant de cette journée du 14, et de préférence à l'aube de celle-ci, que pourrait s'insérer la séquence paisible – vaguelettes léchant les plages de sable blanc constellées de débris, douce brise agitant ce qui reste des cocotiers, réduits le plus souvent à un tronc nu, crabes de terre et poules sauvages vaquant à leurs petites besognes, soldats écrivant à leurs fiancées des lettres dont ils se doutent qu'elles ne seront jamais acheminées – qui dans toute bonne dramaturgie précède le déchaînement d'une violence terrifiante. Et celle-ci revient en effet, comme prévu, à l'aube du 15 septembre, quand le Fire Support Group, de retour, et l'aviation embarquée, déversent de nouveau sur l'île un feu d'enfer, cependant que les Marines de la première division, les tripes nouées par la peur (et s'apprêtant à gerber leur petit déjeuner exceptionnel de « steak and eggs », pour ceux qui ont eu l'imprudence de l'avaler), descendent dans la cale des LST, alourdis par plusieurs dizaines de kilos de matériel, pour s'entasser à bord des véhicules amphibies qui les mèneront tout à l'heure jusqu'au rivage, à moins qu'ils ne soient détruits entre-temps, lors du franchissement du récif, par les tirs de l'artillerie japonaise. « La plage était maintenant marquée sur toute sa longueur par un mur de flammes doublé d'un épais rideau de fumée », écrit Sledge dans *With the Old Breed*, « c'était comme si un énorme volcan avait surgi de la mer, et comme si, plutôt que de nous diriger vers une île, nous étions entraînés dans le tourbillon d'un abîme de flammes » (« into the vortex of a flaming abyss »).

Débarquer sur Peleliu, je l'ai fait moi aussi, dans les derniers jours du mois de février 2015, sans me heurter à un mur de flammes ni rencontrer de difficultés particulières. Pour le reste, c'est en vain que l'on me demanderait quelles étaient mes raisons de visiter cette île, car elles me demeurent assez obscures. Sans doute son éloignement – bien moindre que je ne l'avais imaginé, cependant, car en dépit de fréquentes coupures d'internet Peleliu et l'archipel des Palaos font partie désormais du monde globalisé, avec le sentiment que celui-ci procure de se trouver toujours et partout au même endroit –, sans doute son éloignement était-il pour quelque chose dans mon désir, d'ailleurs assez vague, de m'y rendre. Inexplicablement, car ce n'était tout de même pas la première fois que je sortais de chez moi, je m'étais représenté cet archipel, et cette île en particulier, tels qu'ils devaient être à l'époque où Melville, ou Stevenson, auraient pu les visiter. À défaut, tels qu'ils étaient lorsque Pete Ellis y avait trouvé la mort, dans un ultime et paroxysmique accès de nostalgie, ou sinon vingt-deux ans plus tard, quand les habitants de Peleliu, sous le patronage des Américains, commencèrent à se réinstaller sur cette île, à côté des ruines et des épaves militaires déjà partiellement recouvertes par la végétation. Afin d'avoir quelque chose à raconter à mon retour (car je n'avais pas l'intention de m'exiler aux Palaos), j'avais envisagé de m'y présenter mensongèrement comme un émissaire de l'industrie cinématographique envoyé en repérage, préalablement au tournage d'un film sur la bataille, ignorant qu'une équipe de Spielberg, sinon Spielberg lui-même, était déjà passée par là (même si le film que préparait cette équipe – quatre épisodes, à mon avis peu convaincants, de la série *The Pacific* – devait être tourné non sur l'île elle-même mais en Australie, dans le

Queensland). Une fois installé à Peleliu, dans un établissement composé d'une demi-douzaine de bungalows montés sur pilotis – établissement que je désignerai désormais comme l'hôtel des Palmes, bien que dans la réalité il porte un autre nom –, et même avant cela, dans la vedette assurant le transport des passagers à partir de Koror, j'ai perdu tout intérêt pour ce projet d'imposture, convaincu par les performances de cette vedette (presque neuve, et de conception japonaise, elle se déplaçait à une vitesse qui ne devait pas être inférieure à 30 nœuds), et par le profil de ses passagers, parmi lesquels plusieurs touristes adeptes de la plongée sous-marine, que le temps était révolu où l'arrivée dans l'île d'un représentant de l'industrie cinématographique, ou de quelqu'un se faisant passer pour tel, eût été susceptible de soulever une émotion, et d'entraîner des péripéties, présentant un caractère si peu que ce soit romanesque. Et c'est ainsi que je me suis installé à l'hôtel des Palmes, et que le jour même, ayant auparavant obtenu du Government Office un permis de me déplacer dans l'île à bicyclette, j'ai loué pour la somme de dix dollars par jour un vélo chaussé de pneus tout-terrain.

Son propre débarquement, celui qui ne devait jamais avoir lieu, Styron l'évoque dans la nouvelle déjà citée (*La Maison de mon père*), tel qu'il lui serait apparu dans un cauchemar. La rampe du navire de débarquement s'abat, lui-même et le peloton qu'il commande progressent vers le rivage sous le feu des mitrailleuses japonaises, l'air est saturé de shrapnels, le sol tremble sous les explosions. Certains de ses hommes tombent, « j'apercevais des os très blancs et du sang qui coulait, comme lors d'un sacrement ». Les survivants attendent de lui un ordre, « lieutenant, qu'est-ce qu'on fait ? », mais Styron, dans son rêve, est bientôt rattrapé par sa peur, à supposer qu'elle l'ait jamais quitté, au point d'être incapable de tout mouvement et de toute réflexion. L'officier commandant sa compagnie lui hurle par radio de faire avancer ses hommes, mais « cet ordre n'avait aucun impact, aucun sens : il aurait aussi bien pu être crié dans une langue inconnue ». « Mon immobilité était totale, poursuit Styron, comme si des racines de moi-même s'étaient enfoncées dans le sol japonais et que je me fusse transformé en végétal. » Sur quoi le narrateur de *La Maison de mon père* se réveille. Symétriquement, à l'issue d'une journée de combats bien réels, et particulièrement meurtriers, qu'il décrit dans une longue nouvelle intitulée *Coral Comes High*, George P. Hunt éprouve brièvement le sentiment que ce qu'il vient de vivre, à défaut d'être un rêve, appartient à un passé indécis et lointain. Ce sentiment, il l'éprouve alors qu'il s'efforce de trouver le sommeil, au moins pour quelques instants, dans une situation qui ne s'y prête aucunement : la compagnie qu'il commande (à peine plus âgé que Styron, Hunt est un peu plus gradé que lui, et pourrait être l'officier qui dans son rêve lui hurle d'avancer) a perdu lors de la première journée du débarquement sur Peleliu près des deux tiers de son effectif, dans un assaut finalement victorieux contre un éperon rocheux, passé à l'histoire sous le nom de « The Point », d'où les Japonais tenaient sous leur feu une partie des plages. Maîtres de cette position stratégique, mais s'étant isolés de leur bataillon dans le mouvement qu'ils ont décrit pour s'en emparer, le capitaine Hunt et les quelques hommes qui lui restent se disposent à y passer la nuit, exposés à des bombardements et à des contre-attaques japonaises qui entraîneront de nouvelles pertes dans leurs rangs, mais beaucoup plus encore dans ceux de leurs adversaires (lorsque la compagnie exsangue du capitaine Hunt sera finalement relevée, le surlendemain, on comptera plus de cinq cents corps japonais sur les pentes de la position qu'elle occupe). Quant à George P. Hunt, il devait mourir en 1991 d'un cancer à son domicile de Hobe Sound, en Floride, après avoir notamment dirigé pendant dix ans le magazine *Life*.

Tant que l'on n'a pas soi-même commandé une compagnie de Marines dans le contexte d'un débarquement, il est difficile de porter un jugement qualifié sur le récit qu'il fait de cet épisode. Mais on ne peut qu'en louer la précision, aussi bien dans le décompte des morts japonais, ou de ses propres pertes, que dans la description des différentes techniques de combat mises en œuvre (y compris le lancer de ces grenades thermites – et non thermiques – qui dégagent une chaleur suffisante pour faire fondre la plupart des métaux), et jusque dans l'évocation des crabes de terre, décidément très présents dans la littérature américaine sur la guerre du Pacifique, qui sourdent des interstices de la roche pour lui courir sur le visage, au moment où il s'apprête à sombrer dans le sommeil, et qu'il doit balayer d'un revers de main. Et cependant lorsque j'ai moi-même atteint The Point, dans la matinée du samedi 7 mars, venant de l'intérieur de l'île et guidé par les indications d'un retraité de la police d'Anchorage dont j'aurai l'occasion de reparler, l'aspect de ce promontoire était si éloigné de celui que j'avais imaginé, à la lecture du récit de Hunt, que je ne l'aurais pas reconnu s'il n'avait présenté encore quelques vestiges des défenses japonaises qui l'avaient rendu si redoutable. En particulier le tube d'un canon (de 40 millimètres, d'après le récit de Hunt), tellement bouffé par la corrosion, et fondu dans son environnement, que désormais il ressemblait plutôt à une grosse racine (bien qu'en vérité le pénis d'un éléphant mort soit exactement ce à quoi il me fit penser), avachi dans l'embrasure d'un bunker béant au ras de la plage, et lui-même protégé, à l'extérieur, par un amoncellement de blocs de corail. À l'opposé de la plage, du côté de la forêt, le bunker était accessible par une ouverture en chicane dans la pénombre de laquelle somnolait ce jour-là, vers neuf heures et demie du matin, un petit serpent gris bleuté, appartenant à une espèce que l'on m'assura par la suite être tout à fait inoffensive.

Quant au flic d'Anchorage, il présentait une certaine ressemblance avec Gene Hackman, tout de même en moins bien. La soixantaine, tatoué, vêtu le plus souvent d'un short et coiffé d'une casquette de baseball, il manifestait un grand dégoût pour la ville où il avait exercé son métier, qu'il décrivait comme rongée par le vice, dépeuplée par le meurtre, la drogue et le suicide. Plongé dans la lecture du livre de Bill Sloan – *Brotherhood of Heroes* – sur la bataille de Peleliu, il appartenait à cette catégorie de touristes, la plus nombreuse, qu'attirent sur cette île aussi bien les vestiges de la guerre que les opportunités de plongée sous-marine. Ce qui m'irritait le plus chez lui – outre qu'il s'exprimait avec un fort accent, et sans faire le moindre effort pour l'atténuer, ou pour régler son débit sur ma propre capacité d'écoute –, c'était qu'il s'obstinât à m'apprendre au sujet de la bataille et de ses suites des choses que je savais déjà, au lieu de s'émerveiller de rencontrer un Français manifestant une telle érudition, et une telle ferveur, à propos d'un épisode malgré tout secondaire de l'histoire militaire américaine (ainsi connaissais-je parfaitement, bien avant qu'il ne m'en inflige le récit jusque dans ses moindres détails, le cas de cet avion de patrouille maritime, basé à Peleliu, qui à la fin du mois de juillet 1945, au lendemain du torpillage par un sous-marin japonais du croiseur *Indianapolis* – lequel venait de livrer sur l'île de Tinian des éléments de la bombe de Hiroshima –, avait été le premier à repérer des survivants flottant à la surface de la mer des Philippines, en proie au désespoir, à la folie pour certains, et pour tous à l'insolation, à la déshydratation et aux attaques de requins longimanes).

Depuis la route nord-sud, m'avait dit le flic d'Anchorage, dont je dois reconnaître qu'à défaut de son histoire il maîtrisait la géographie de l'île mieux que moi, au niveau du bunker qui abrite aujourd'hui le musée de la bataille, il faut prendre sur la droite un chemin qui sous le couvert des arbres mène en direction de la plage ; et c'est au bout de ce chemin, avait-il ajouté, que vous tomberez sur The Point, ou quel que soit le nom, aujourd'hui, de ce promontoire où s'est illustrée la compagnie du capitaine Hunt. Mais arrivé là je ne remarquai rien, tout d'abord, sinon que la mer à demi haute découvrait sur le récif, en contrebas du promontoire, un objet que j'identifiai à première vue comme la mue d'un alligator gigantesque (bien qu'il n'existe rien de tel dans la nature), et qu'un examen plus attentif désignait comme la chenille déchaussée d'un char Sherman, ou d'un autre véhicule du même genre. Puis sans m'éloigner du rivage, parallèlement à celui-ci, je m'engageai sous les arbres, guidé, ou plutôt attiré sur ses traces, par un oiseau très gracieux, très bavard, enclin à se poser sur des branches basses et à hocher la queue comme le font les bergeronnettes, dont j'apprendrai plus tard, en consultant un ouvrage spécialisé, qu'il appartient à une espèce endémique, le rhipidure des Palaos (*Rhipidura lepida*), affublée malheureusement d'un nom qui ne lui rend pas justice. Le sol sur lequel je marchais à la suite de l'oiseau (du rhipidure), jonché de graines énormes, en forme de porte-monnaie, d'où fusaient de longues pousses droites et rigides, couronnées d'un bouquet de feuilles vertes, probablement appelées à devenir des arbres qui produiraient à leur tour de ces porte-monnaie, le sol sur lequel je marchais, en évitant de me prendre les pieds dans un réseau très dense de racines, était localement recouvert par des dalles de ciment, moussues et fracturées, que les Américains avaient dû couler, dans les années d'après-guerre, afin de supporter des bâtiments préfabriqués destinés à l'hébergement de leur personnel. La présence de ces dalles expliquant en partie pourquoi l'éperon rocheux, ou le niveau le plus élevé de celui-ci, désormais plus ou moins aplani, évoquait aussi peu la description qu'en donne George P. Hunt, ou les dessins qu'il en a faits, qui suggèrent un relief beaucoup plus tourmenté. Et ce n'est qu'en revenant vers la plage, ayant suivi l'oiseau jusqu'à une clairière où le chemin se perdait, que j'ai remarqué d'abord un premier bunker, peu discernable au milieu de la végétation, puis un second, celui dont l'embrasure s'ouvrait au ras de l'eau, laissant voir le tube chenu et fendillé d'un canon japonais de 40 millimètres. La mer avait baissé, entre-temps, découvrant entièrement la chenille déchaussée, et je tirai parti de cette circonstance pour avancer de quelques pas sur le récif, parmi les flaques, éprouvant une fois de plus à quel point le calcaire corallien forme un sol impropre à la marche. Comme il arrive souvent, cet endroit où tant d'hommes étaient morts pour pas grand-chose (puisqu'il est avéré désormais que la bataille de Peleliu aurait aussi bien pu ne jamais avoir lieu), y compris les crevasses où des Japonais embusqués avaient été frits jusqu'à l'os par le feu dévorant des grenades thermites, cet endroit semblait peu compatible avec l'exercice d'une violence quelconque, en dehors de celle que les poissons déploient les uns envers les autres. Car pour ce qui les concerne, dans vingt centimètres d'eau, et parfois jusque dans des flaques n'ayant pas la moitié de cette profondeur, ils se pourchassaient sans répit, un gros noir en particulier, aux allures de mérou, jaillissant à tout instant de son trou pour se jeter sur des petits poissons argentés, à rayures, qui me parurent être des sars. Dans une mare plus grande je levai une murène, qui ondulait, ne m'ayant pas entendu venir, et qui quand elle le fit fusa pour disparaître sous une roche. De mon côté, las de me tordre les pieds sur des cailloux aux arêtes tranchantes – et qui trouvaient le moyen d'être glissants, par surcroît –, je regagnai la plage, et l'ombre des arbres qui la bordent, pour la suivre en direction du sud, le long de cette partie du rivage désignée dans la terminologie du débarquement comme White Beach One. Aux deux tiers environ de la distance séparant The Point de la pointe suivante, également garnie de bunkers, et connue sous le nom de The Promontory, je fis la découverte d'une ruine très étrange, une sorte de monument accidentel, là où deux arbres vigoureux, aux fortes racines, avaient poussé dans le sein même d'une épave, apparemment celle d'un Amtrac – un de ces véhicules amphibies qui depuis les LST avaient acheminé les troupes à travers le récif –, que l'on pouvait encore reconnaître à ce qui persistait de son moteur en étoile et du train des chenilles. Au pied du Promontory, la chaleur, en milieu de journée, étant devenue intenable, j'avisai en bordure de la plage, sous un arbre dans lequel un couple de pailles-en-queue, y ayant fait son nid, était en train de nourrir ses petits, une mare assez vaste et assez profonde pour s'y baigner. Dans l'eau parfaitement transparente, et sans une ride, au-dessus d'un fond de sable blanc, on voyait évoluer juste sous la surface un trio de bébés barracudas, de la taille de ce qu'en eau douce, et s'agissant de brochets, on appelle des « manches de couteau ».

Quelques jours auparavant, quand j'avais reconnu le Swimming Hole (le trou à nager?) de Ngermeld, un chat mort, devant l'hôtel des Palmes, gisait en travers de la chaussée : sans doute percuté au cours de la nuit précédente par une voiture, celles-ci étant rares à Peleliu, et la crainte qu'elles inspirent aux animaux peut-être insuffisamment développée. Au cours de la même journée, et de celle qui suivit, je devais rencontrer encore d'autres animaux morts, ou mourants, ou du moins menacés d'une mort imminente. Je devais également m'égarer, à ma première tentative, dans la recherche du Swimming Hole de Ngermeld, et lors de la seconde crever un pneu de mon vélo tout-terrain, cet accident, en lui-même fâcheux, m'amenant tout d'abord à traverser à pied une partie de l'île, puis à découvrir fortuitement le monument de Bloody Nose Ridge. Le Swimming Hole de Ngermeld n'apparaissant dans aucun récit de la bataille, son prestige, de mon point de vue, tenait uniquement à son nom, et à la difficulté qu'avaient éprouvée mes informateurs locaux pour le décrire, ou m'expliquer précisément de quoi il s'agissait. D'après les cartes, il était situé à l'extrémité d'une des deux mâchoires, la plus au sud, de cette pince de homard à quoi l'île ressemble. Et pour l'atteindre, il devait suffire, une fois débordées sur la gauche les hauteurs de Bloody Nose Ridge, de maintenir un cap au sud/sud-est (ce qui devait être facile, me disais-je, au début de la matinée, lorsque l'ombre des arbres est nettement dessinée par le soleil levant), jusqu'à rejoindre la piste qui décrit sur toute sa longueur la mâchoire inférieure de la pince. Il me semble qu'il avait plu, tout d'abord, et que cette circonstance avait fait sortir de leurs trous, plus nombreux que d'habitude, des crabes de terre (en règle générale, le crabe de terre est un animal principalement nocturne). Le chemin que j'avais emprunté me fit passer successivement devant les ruines du bunker ayant abrité la centrale électrique japonaise – gigantesques, ces ruines, couronnées d'une végétation profuse, et solennelles, dans la lumière du matin, comme celles d'un temple dédié à des divinités malfaisantes –, puis devant les carcasses rouillées de deux véhicules blindés de transport de troupes, l'un armé d'un canon et l'autre non, enfin par une clairière, dans la forêt, d'où l'on apercevait, à travers une trouée pratiquée dans l'épaisseur d'un taillis, la piste bien dégagée, longue peut-être de deux kilomètres, herbue et fréquentée par des pluviers (ou d'autres petits échassiers), de cet aérodrome, aujourd'hui désaffecté, qui avait été à l'origine de la bataille, bien qu'à la veille de celle-ci il n'accueillît déjà plus aucun appareil japonais en état de prendre l'air. Cette trouée, avec la vue qu'elle ménage, et la voûte d'arbres immenses (pour l'essentiel des banyans) sous laquelle elle prend naissance, est l'une des choses les plus étranges – à la fois inquiétante et apaisante, exotique et familière – qu'il m'ait été donné de voir à Peleliu, et l'une de celles, mais non la seule, qui évoque le plus vivement un paysage de conte fantastique. Auparavant, j'avais rencontré sur la route une équipe de cantonniers, ou peut-être de bénévoles (mais certains me parurent être des handicapés mentaux, ce qui laissait planer un doute sur la spontanéité de leur bénévolat), en train de faucher l'herbe des bas-côtés, puis une équipe de démineurs employés par une ONG anglo-saxonne à rechercher, pour les détruire, des munitions non explosées (les premiers, par le soin qu'ils apportaient à la tonte de l'herbe autour des épaves de blindés, contribuaient sans le savoir à la muséification – à l'embaumement – de ces dernières, et donc à rejeter la guerre dans le passé, cependant que les démineurs, par le simple fait que l'on eût encore besoin d'eux, lui conféraient au contraire un regain d'actualité). Après cela, je ne devais plus rencontrer personne, et c'est pourquoi, sans doute, je finis par me perdre, ayant probablement trop infléchi vers le sud mon cap sud/sud-est, et mal interprété les indications données par l'ombre des arbres. Toujours est-il que je me retrouvai bientôt près du rivage, comme me le confirmait la rumeur de nouveau incessante des brisants, mais au niveau de Scarlet Beach, assez loin de l'objectif que j'avais visé sur la carte. Sur cette partie du littoral, comme sur l'île toute proche d'Omidkil, la couverture végétale a été particulièrement affectée par le passage du typhon Bopha, et il en résulte que parmi les grands arbres, beaucoup de ceux qui n'ont pas été arrachés sont morts par la suite, ou ont été sérieusement affaiblis, et consécutivement envahis par une plante parasite – *Merremia peltata*, une sorte de liseron géant –, laquelle, recouvrant du haut en bas l'arbre qu'elle colonise, simplifiant et exagérant sa silhouette, lui donne l'apparence d'un fantôme ou d'un épouvantail, l'un et l'autre démesurés. En bordure de la piste, et au pied de l'un de ces arbres, un minibus Mitsubishi était parqué, les pneus crevés, tendant inexorablement vers la ruine. La première fois que je le vis, ce minibus, j'évitai de regarder à l'intérieur, par crainte d'y découvrir un cadavre, tant il me parut que le décor s'y prêtait. Depuis la route, un sentier menait à la plage située en contrebas, sur laquelle se voyait une construction bizarre, une sorte de petite estrade en planche supportée par des pilotis et couverte plus ou moins par un toit (et de ce toit, comme on le constatait de plus près, pendait un sac contenant des victuailles probablement avariées). De part et d'autre étaient empilées sur une assez grande hauteur des bûches grossièrement taillées, provenant sans doute du découpage des arbres que l'ouragan avait arrachés, en 2012, et éparpillés sur la plage. Et de sous la petite estrade, lorsque je m'en suis approché, surgirent en frétillant quatre chiots, deux noirs et deux beiges, qui devaient me causer par la suite bien du tracas. D'autant qu'il apparut bientôt qu'un cinquième chiot, moins alerte que les quatre autres, gisait parmi les racines d'un arbre – un casuarina, qui présentait la particularité d'être entièrement brûlé d'un côté et encore vert de l'autre, vraisemblablement parce qu'il avait été frappé par la foudre –, dans lesquelles il semblait empêtré, à côté d'un sixième chiot déjà mort, quant à lui, et puant la charogne, dont il était tentant, bien que probablement exagéré, d'imaginer qu'il était le frère jumeau (ou la sœur jumelle) du cinquième, et que celui-ci n'avait pu, ou voulu, s'en séparer. Bref, j'extirpai le cinquième chiot d'entre les racines, je le remis sur pattes, et il rejoignit en vacillant les quatre autres. En attendant ma perplexité allait croissant, quant à la personnalité de l'usager de cette installation, usager sans doute occasionnel, car rien ne la signalait comme une habitation permanente, mais cependant assez régulier pour y avoir apporté six chiots, et les y laisser dans un état plus ou moins avancé de déréliction.

Le jour où j'ai finalement atteint le trou à nager, je suis passé devant, une première fois, sans le voir, pour la raison qu'il s'agit non seulement d'un trou, c'est exact, mais d'un trou comparable à celui que l'on pratique à la surface d'un objet quelconque afin d'en manger l'intérieur : par voie de conséquence, les bords de ce trou n'ont pas de relief, ce qui le rendrait totalement insoupçonnable si une échelle n'y avait été disposée afin que l'on puisse y descendre, et, comme son nom le suggère, s'y baigner. Car ce trou, à plusieurs mètres en dessous de la surface du sol – qui se referme de toutes parts autour de lui, engendrant la même impression, quand on est dedans, et pour reprendre cette comparaison, que si l'on se trouvait à l'intérieur d'un œuf décalotté –, ce trou est rempli d'une eau glauque et limpide, apparemment profonde, venue on ne sait d'où, mais probablement de la mer. Ce qui fait d'une baignade dans ce trou une expérience unique, pourvu que l'on soit seul, c'est le sentiment que si quelqu'un, ou une force quelconque, par exemple une légère secousse sismique, retirait ou faisait tomber l'échelle par laquelle on y est descendu, il n'y aurait aucun moyen d'en ressortir, puisque le couvercle de roche dans lequel l'ouverture est ménagée est rigoureusement concave, hérissé de stalactites et de toute façon hors d'atteinte. Après avoir joui quelque temps de cette appréhension – et aussi de la crainte que ce trou ne communiquât souterrainement avec la mangrove, toute proche, dans laquelle se rencontrent des crocodiles de mer –, j'ai emprunté de nouveau l'échelle, que nul n'avait escamotée, et je me suis installé sur un banc, disposé là comme pour un pique-nique (et d'ailleurs la zone entourant le Swimming Hole est effectivement désignée, sur les cartes, comme une « picnic area »), en me demandant dans quelle mesure quelqu'un qui visiterait ce lieu en compagnie pourrait en éprouver l'étrangeté. Si je me taisais – car il m'arrivait alors de parler tout seul, ou du moins de pousser des sortes de grognements destinés à écarter la menace diffuse que je sentais planer autour de moi –, j'entendais dans le lointain le fracas de la barre écumant sur le récif, en hauteur le murmure du vent dans les arbres – à peine un souffle d'air, très insuffisant pour rafraîchir l'atmosphère – et de toute part, provenant de directions indécises, des chants d'oiseau, ou des cris, dont aucun n'était à proprement parler mélodieux, et dont le plus intrigant, le plus fréquent aussi, le plus inlassablement répété, évoquait les efforts que ferait un idiot, sans y parvenir, pour jouer de la flûte (l'oiseau qui chante ainsi est apparemment la bouscarle des Palaos – *Cettia annae*, encore une espèce endémique –, désignée dans la langue indigène comme le wuul). Quand je voulus repartir, il s'avéra que l'un des pneus de mon vélo tout-terrain était crevé, et cet incident me contraria d'autant plus que je craignais de m'égarer, sur le chemin du retour, comme cela m'était arrivé la veille en recherchant le Swimming Hole. Maudissant ce vélo et les gens qui me l'avaient loué, j'ai repris à pied, en direction du sud, la piste longeant la côte est, si proche de celle-ci que la mer, audible de partout, était souvent visible à travers un mince rideau d'arbres. De l'un de ces derniers étaient tombés sur le chemin deux poussins de noddi, de la taille d'une balle de ping-pong et couverts d'un duvet charbonneux, qui étaient en train de se faire dévorer tout vifs par des fourmis, supplice que j'envisageai d'abréger en les écrasant sous une grosse pierre, avant d'y renoncer par pusillanimité, et parce qu'il ne se trouvait dans les parages aucune pierre assez grosse pour les écraser à coup sûr, et en une seule fois. C'est aussi sur ce chemin que j'observai une forte concentration de bernard-l'hermite – le plus gros logé dans une coquille d'un beau vert émeraude veiné de blanc, et de la taille à peu près d'une orange, les plus petits à peine visibles à l'œil nu –, grouillant autour d'une noix de coco fendue et pourrissante, dont la lente et maladroite agitation, avec leur maison sur le dos, me fit penser, je ne sais pourquoi, à des créatures infernales que je me souvenais d'avoir vues dans un tableau de Jérôme Bosch. Après trois quarts d'heure de marche, environ, toujours poussant ma bicyclette, je tombai de nouveau sur une équipe de faucheurs en train de faire la sieste du côté ombragé de la piste, qui tous manifestèrent beaucoup d'intérêt pour mon cas – « Oh ! You got a puncture ! » –, mais sans me proposer d'aide (comme de charger mon vélo dans leur camionnette pour le rapporter au village, par exemple). Au milieu de l'après-midi, m'étant comme prévu égaré à deux ou trois reprises, je finis par atteindre l'intersection d'une piste est-ouest avec l'un des deux axes nord-sud, non celui que j'ai déjà mentionné, et qui longe la côte ouest, mais celui qui rejoint le village par l'intérieur des terres, et qui sur une bonne partie de sa distance traverse une décharge sauvage – enfin, c'est une façon de parler –, dont les amas d'ordures domestiques, d'épaves électroménagères et de carcasses de voitures, s'effondrant inexorablement vers la mangrove, nuisent un peu à l'image de « pristine paradise » que l'île voudrait se donner par ailleurs. Au-dessus de cette intersection, sur la gauche, béait l'embrasure d'un bunker, et un peu en retrait se dressait une falaise grise et nue, couronnée de verdure, dont j'ignorais alors qu'elle faisait partie du Walt Ridge, ainsi nommé en souvenir d'un autre épisode de la bataille.

La bataille, c'est ce qui avait réuni cinq ou six touristes de trois nationalités différentes, sous l'égide d'un guide japonais, à bord du minibus qui nous recueillit, ma bicyclette et moi, alors que la lumière commençait à décliner. Auparavant, aucun véhicule n'était passé sur la route, pourtant la plus fréquentée de l'île à l'exception de celle qui longe la côte ouest. Ce sauvetage était le bienvenu, non qu'il me fût impossible de regagner le village à pied (vu les dimensions de l'île, cela restait dans la limite des forces humaines), mais parce qu'il me donnait l'occasion de me joindre à un tour organisé – même si celui-ci touchait à sa fin –, expérience que sans cela, par snobisme, j'aurais certainement évitée. La dernière partie de ce tour organisé, celle à laquelle je me joignis, consista tout d'abord dans la visite d'une grotte – une grotte naturelle, mais que les Japonais avaient militarisée dans la perspective de la bataille –, lors de laquelle le guide identifia comme des chauves-souris les hirondelles qui l'habitaient – des hirondelles spéciales, appartenant elles aussi à une espèce endémique, *Aerodramus pelewensis* –, erreur que je ne pus m'empêcher de rectifier. Le tour se termina, en une sorte d'apothéose, par l'ascension du chemin forestier, puis de l'étroit escalier, qui mènent à l'obélisque commémoratif érigé sur les hauteurs de Bloody Nose Ridge. Depuis la plate-forme attenante à ce monument, on embrasse une vue à 360 degrés sur la totalité de l'île – à l'exception de quelques parties de celle-ci masquées par d'autres hauteurs boisées –, sur l'océan qui l'entoure et sur les îles d'Angaur, au sud, et au nord de Ngesebus. Et cette vue permet aussi d'observer combien la mer pénètre profondément à l'intérieur de l'île, dans l'intervalle entre les deux mâchoires de la pince, en une grande coulée bleu turquoise, et sinueuse, qui vient baigner la mangrove. Quant au monument lui-même, gravé de cette inscription : « Lest we forget those who died », il est dédié aux soldats du 321e RCT (Regimental Combat Team) tombés dans les combats auxquels a donné lieu la conquête de Bloody Nose Ridge. Sachant que le 321e RCT appartenait à la 81e division de l'armée de terre, et connaissant le mépris dans lequel les Marines tenaient habituellement les soldats de cette armée, qu'ils désignaient entre eux comme des « faces de chiens » (*dogfaces*), quelle séquence d'événements avait pu entraîner le déploiement de ce régiment (puis d'un autre, le 323e) dans une bataille taillée sur mesure pour les Marines ? À la veille du débarquement, le général William Rupertus, qui commandait la première division de Marines, s'était laissé aller à pronostiquer que l'affaire serait rude, mais brève (« rough but fast »), précisant même qu'elle pourrait être expédiée en trois ou quatre jours. Or non seulement les trois régiments de Marines engagés dans le débarquement avaient éprouvé de grandes difficultés, et subi de lourdes pertes, pour établir une tête de pont, tout d'abord, puis pour prendre le contrôle de l'aérodrome, mais lorsqu'ils s'attaquèrent à la partie centrale de l'île, à cet enchevêtrement de ravins et de crêtes dénudé par les bombardements et percé de grottes innombrables, ils s'y heurtèrent à une résistance d'une opiniâtreté prodigieuse, et qui allait se poursuivre pendant plus de deux mois, loin des trois ou quatre jours escomptés par Rupertus. Les premiers à éprouver l'opiniâtreté de cette résistance, dès le deuxième jour du débarquement, furent les Marines du premier régiment (celui de George P. Hunt), cependant que le septième régiment se déployait vers le sud et que le cinquième (celui de Burgin et de Sledge) progressait le long de la côte est à travers la mangrove. En quatre jours de combats incessants, souvent au corps à corps, pour s'emparer des hauteurs les plus méridionales de Bloody Nose Ridge, ce premier régiment, placé sous le commandement du colonel Lewis Puller, dit « Chesty » Puller, fut presque anéanti, mille sept cent quarante-neuf de ses hommes ayant été tués ou blessés. Mais en dépit des pertes monstrueuses qu'ils subissaient, bien supérieures à celles généralement considérées comme tolérables dans le corps des Marines, les hommes du premier régiment étaient renvoyés au combat chaque matin, ponctuellement, dès 8 heures, pour reprendre les crêtes qu'ils avaient conquises puis reperdues la veille, sur un ordre du général Rupertus, qui les soupçonnait de manquer un peu de nerf, relayé par le colonel Puller : et cela malgré les réticences, ou les réserves, exprimées par certains des officiers moins gradés qui conduisaient effectivement ces attaques. Or, pendant ce temps, la 81e division de l'armée de terre – composée non seulement de dogfaces, mais de dogfaces qui auparavant n'avaient jamais vu le feu – s'était emparée sans trop de difficultés de l'île d'Angaur, qu'elle achevait de nettoyer, et où elle se tenait en réserve, prête à rallier Peleliu et à épauler la première division de Marines si les circonstances l'exigeaient. Mais le général Rupertus, qui attendait beaucoup de cette bataille – à commencer par une importante promotion – estimait humiliant de faire appel à l'armée de terre pour relever des troupes, même proches de l'anéantissement, appartenant au corps des Marines, et singulièrement à cette première division qu'il avait le privilège de commander. Heureusement pour ce qui restait du premier régiment, saigné à blanc sur les pentes de Bloody Nose Ridge, le général Rupertus avait au-dessus de lui un officier plus avisé, moins obtus, le général Roy Geiger, qui commandait l'ensemble du dispositif américain, désigné comme le 3e Amphibious Corps, et qui au bout de six jours de ce carnage, ayant rendu visite à Puller et à Rupertus dans leurs PC respectifs, et ayant eu avec l'un et l'autre des entretiens qualifiés par les témoins d'orageux, ordonna au second de faire relever aussitôt le premier régiment de Marines par le 321e RCT, que cela lui plût ou non, et d'envoyer les survivants reprendre leurs esprits, s'ils y parvenaient, à Pavuvu, l'île du show de Bob Hope, des crabes de terre gros comme le poing et des noix de coco pourrissantes. Et c'est ainsi que le 321e RCT, le 23 septembre 1944, entra dans la bataille, lors de laquelle il devait perdre à son tour assez d'hommes pour que l'on érigeât des obélisques afin de perpétuer leur souvenir. Des récits de cet épisode, nombreux et concordants, il ressort que pas plus « Chesty » Puller que William Rupertus, surnommé « Rupe the Dupe », ou « Rupe the Stupe », n'étaient le genre d'officiers sous les ordres desquels vous auriez aimé vous faire tuer. Ce n'est pas de l'un ou de l'autre, par exemple, que l'on pouvait attendre qu'il fût un spécialiste de Flaubert. Sur une photographie prise pendant la bataille, Puller, torse nu, apparaît comme un petit homme assez gnomesque, avec cette cage thoracique hypertrophiée qui est à l'origine de son surnom, tendu par une volonté inflexible, celle-ci contrôlée par une imagination, ou une intelligence, dont son expression ne suggère pas qu'elles soient l'une ou l'autre insondables. Puller, nous dit-on, serrait volontiers entre ses dents une courte pipe de maïs. Quelques semaines avant le débarquement sur Peleliu, il avait perdu son frère, fauché par une mitrailleuse japonaise lors de la prise de Guam, et cette circonstance avait exacerbé sa haine de l'ennemi à tel point qu'il fit placarder dans tout le camp de Pavuvu des panneaux portant l'inscription « Kill Japs ! » libellée de sa main en lettres rouges. Dans une interview recueillie longtemps après la guerre et citée par Bill Sloan, un de ses anciens subordonnés, le capitaine Everett Pope, dit de Lewis Puller qu'il n'était pas « la plus grande invention depuis le pain en tranches ». La plupart des témoignages soulignent le peu de cas qu'il faisait de la vie de ses hommes, en particulier lors de ces assauts dévastateurs sur les pentes de Bloody Nose Ridge, lui accordant toutefois qu'il exposait aussi volontiers sa propre vie. Un trait attendrissant de Puller, car il fallait bien qu'il en eût, c'est l'adoration qu'il vouait à sa femme, Virginia, à laquelle il écrivait tous les jours. Puller eut d'elle un fils qui devait s'engager à son tour dans le corps des Marines, et perdre une jambe et demie – autant dire les deux – en sautant sur une mine au Vietnam (l'histoire ne dit pas si ce fils rejoignit par la suite les rangs de ces vétérans mutilés – à l'instar de Ron Kovic, l'auteur de *Né un 4 juillet* –, déchaînés après coup contre l'arme dans laquelle ils avaient servi). Quant à « Chesty » Puller, promu général, il s'illustra de nouveau pendant la guerre de Corée, en particulier lors de la fameuse retraite du réservoir de Chosin, reçut à cinq reprises la Navy Cross, parmi beaucoup d'autres médailles, inspira un documentaire à John Ford et mourut dans son lit à l'âge de soixante-treize ans. William Henry Rupertus, de son côté, était âgé de cinquante-cinq ans, et il ne lui restait plus que six mois à vivre, lors de la bataille de Peleliu. Il avait la réputation d'un homme taciturne et froid, peut-être légèrement dépressif, et il avait à vrai dire les meilleures raisons de l'être, ayant perdu sa femme et ses deux enfants, en 1929, lors d'une épidémie de scarlatine à Pékin. Peu de temps avant de prendre le commandement de la première division de Marines, Rupertus s'était remarié, et un enfant était né de ce second mariage alors qu'il était en campagne dans le Pacifique. Est-ce pour qu'il voie cet enfant (les militaires les plus coriaces ont de ces accès de sensibilité), ou pour des raisons plus scabreuses – on a même évoqué une histoire de détournement de fonds –, que son vieil ami, le général Vandegrift, patron du corps des Marines, l'avait rappelé à Washington dans les semaines précédant le débarquement à Peleliu ? Toujours est-il que cela ne s'était jamais vu, dans toute l'histoire du corps, qu'un général abandonne pendant six semaines sa division à la veille d'un débarquement. Comble de malchance, à peine Rupertus était-il de retour dans le Pacifique qu'il se cassait la cheville au cours d'un entraînement, accident qui fit de lui un général boiteux, s'appuyant douloureusement sur une canne, en plus d'être froid et distant (Puller boitait aussi, lors du débarquement à Peleliu, mais c'était par suite d'une blessure reçue à Guadalcanal et qui, mal soignée, s'était infectée de nouveau). Dans les circonstances précédemment évoquées, l'obstination avec laquelle il réitérait chaque matin, dès 8 heures, en dépit de pertes considérables, son ordre d'attaquer frontalement des hauteurs apparemment imprenables, au moins de cette façon, de même que son refus d'appeler en renfort les éléments de l'armée de terre disponibles sur l'île voisine d'Angaur, afin de pouvoir s'attribuer tout le mérite d'une victoire inéluctable à la longue, tout cela n'a pas amélioré la réputation déjà chancelante dont il jouissait auprès de ses hommes. Pas plus que l'incident rapporté par le colonel « Bucky » Harris, du cinquième régiment, cité par Bill D. Ross, lors duquel Rupertus, en larmes, aurait déclaré à son subordonné qu'il était « au bout du rouleau », ajoutant que « deux de ses bons régiments (le premier et le cinquième) étaient en ruine », et lui proposant, chose inouïe, d'assurer à sa place le commandement. Il semble que Rupertus, à l'époque de la bataille de Peleliu, espérait se faire de celle-ci un marchepied pour succéder à son ami Vandegrift à la tête du corps des Marines. Au lieu de quoi, à son retour aux États-Unis, il fut nommé commandant de l'école d'entraînement du même corps, ce qui ne pouvait guère apparaître que comme une sanction déguisée. Puis en mars 1945, au sortir d'un dîner officiel à Washington, il tomba devant sa porte foudroyé par une crise cardiaque.

Durant mon séjour à Peleliu, la visite aux chiots, dès lors que j'eus découvert leur existence, devint l'un des rituels auxquels je sacrifiais le plus régulièrement, et cela bien que le lieu de leur séquestration, ou de leur abandon, m'inspirât une appréhension de plus en plus vive. Lors de la deuxième de ces visites – ou de la troisième, car je n'en tenais pas, malgré tout, un compte exact –, je découvris un raccourci, coïncidant sur une partie de son trajet avec la piste de l'aérodrome, qui me permettait, depuis l'hôtel des Palmes, d'atteindre plus rapidement Scarlet Beach et l'épave du Mitsubishi. Une fois la piste traversée, ce raccourci empruntait un sentier manifestement peu fréquenté, à en juger par l'état de la végétation qui le bordait, et qui par endroits semblait sur le point de l'obstruer complètement (exactement le genre de végétation d'où l'on aurait pu s'attendre à voir surgir un tigre, ou un éléphant, si l'une ou l'autre de ces espèces avait été présente sur l'île). Auparavant, j'avais croisé en chemin, errant à pied dans la nature, sous un soleil ardent, torse nu et sans couvre-chef, un vieux fou, borgne par surcroît, que j'avais déjà remarqué devant l'une des épiceries du village, élucubrant et lançant des regards farouches de son œil unique. Le vieux fou tenta de m'arrêter en vociférant quelque chose à propos d'un tank – peut-être prétendait-il me guider dans la jungle jusqu'à l'épave d'un véhicule de ce genre –, mais je feignis de ne pas l'avoir entendu et j'appuyai sur les pédales. Dans la mesure où cette rencontre s'était produite à l'intérieur des terres, à mi-distance environ entre le village et Scarlet Beach, l'idée me vint que c'était peut-être lui, le fou borgne, qui séquestrait les chiots sur la plage, après y avoir édifié, dans une époque plus faste (une époque où sa folie n'avait pas atteint le même degré), l'abri monté sur pilotis et destiné vraisemblablement à la collecte du bois. Lorsque j'atteignis celui-ci, j'y fus accueilli de nouveau par les cinq chiots, y compris celui que j'avais extrait, lors de ma visite précédente, d'entre les racines de l'arbre à demi foudroyé, et dont je pensais qu'il ne survivrait pas. En revanche le chiot mort avait disparu, et plusieurs objets avaient été déplacés aux alentours de l'abri, en particulier le baquet dans lequel, après l'avoir vidé de l'eau de pluie dont il était rempli, je déversai le contenu de la boîte que j'avais apportée : il s'agissait d'une boîte de Spam, une nourriture repoussante fabriquée aux États-Unis, dont le mode d'emploi assure qu'elle est excellente une fois coupée en tranches et frite (et il est de fait que les habitants de l'île semblent assez friands de cette préparation, dont il n'est pas douteux qu'elle contribue à l'aggravation de leur surcharge pondérale), bien qu'elle ait à peu près la couleur et la consistance de cette pâte dentifrice, d'un rose vif, que l'on vendait autrefois dans des boîtes rondes à usage familial. Pour les chiots, il s'agissait manifestement de la nourriture la plus exquise dont ils aient jamais entendu parler, et ils se jetaient dessus avec une voracité effarante, le plus vigoureux et le plus malin, un petit noir, se dressant sur ses pattes arrière pour fourrer son museau dans la boîte, afin d'intercepter le Spam avant même que j'aie eu le temps de le débiter en blocs d'une taille comestible (et si fort était l'instinct de conservation du petit noir – si évidente, dans une perspective évolutionniste, sa supériorité sur les autres – qu'à chacune de mes visites il était aussi le plus obstiné à me coller, parfois jusque sur la route, lorsque je prenais la fuite après avoir assuré une nouvelle distribution de nourriture, dont je me jurais à chaque fois qu'elle serait la dernière). En nettoyant sur la plage la cuiller que j'utilisais pour émietter le Spam, ce jour-là ou un autre, je remarquai qu'à marée basse surgissait à quelque distance du rivage une épave d'un genre que je n'avais encore jamais observé, que je finis par identifier, avec une marge d'incertitude, comme un moteur d'avion, et dont on devait me confirmer qu'il s'agissait effectivement des restes d'un chasseur Zero (à partir de ce qu'on en voyait, il fallait être un véritable érudit pour parvenir à une telle conclusion). Tout ce secteur de l'île – au sud de celle-ci – était d'ailleurs particulièrement giboyeux, en fait de vestiges aéronautiques : à peu près à la même hauteur, mais sur la côte ouest, un écriteau peu visible (mais qui n'en constituait pas moins un signe avant-coureur de l'inéluctable muséification) indiquait l'endroit où gisaient, dans une trouée de la végétation, les débris un peu plus consistants, et du coup plus aisément reconnaissables, d'un autre chasseur Zero, sur la carlingue duquel se devinaient les traces de sa cocarde rouge. Et dans le bois – ou dans la jungle, si l'on préfère – qui s'étend en bordure de la mer le long de la côte est, un kilomètre environ au nord de la plage aux chiots, un guide philippin m'avait fait découvrir l'emplacement, non signalé celui-là, du crash d'un avion torpilleur Avenger, dont les morceaux étaient encore assez substantiels, et assez épargnés par la corrosion, pour qu'il fût possible de se représenter l'appareil tel qu'il avait été de son vivant.

Plus près de la plage aux chiots, élevé d'une dizaine de mètres au-dessus de la mer, se voit un bunker isolé, connu localement sous le nom de « German bunker », parce que sa conception s'inspire des techniques allemandes dans ce domaine. Il faut pour l'atteindre emprunter sur cent cinquante ou deux cents mètres un chemin perpendiculaire à la piste qui longe la côte est, au bout duquel on distingue peu à peu sa silhouette massive, estompée par les blocs de corail amassés tout autour sur plusieurs mètres d'épaisseur, et dans lesquels de gros banyans ont pris racine sans en déranger l'ordonnance. L'entrée dans le bunker se fait par une ouverture en chicane que cette disposition n'a pas protégée d'un tir direct, expédié sans doute à bout touchant, dont les traces sont encore bien visibles dans le béton de l'enceinte principale. À l'intérieur, l'espace est divisé par de fortes cloisons en quatre compartiments correspondant à chacune des meurtrières – afin que la mise hors de combat d'un des postes de tir n'entraîne pas celle des trois autres –, et au centre de la casemate un abri bétonné offre un ultime refuge à ses occupants, sans doute efficace en cas de bombardement, mais insuffisant pour les protéger des lance-flammes à l'aide desquels les Américains durent vraisemblablement les rôtir, après avoir fait sauter à coups de canon la porte blindée donnant sur l'extérieur (sur l'un des murs de cet abri central, un visiteur a tracé cette sentence un peu niaise, ou du moins vaine : « God bless all the brave soldiers », associant dans une même bénédiction les rôtisseurs et les rôtis). Se rendre, outre qu'une telle issue était inconcevable pour un soldat japonais, ne leur aurait été d'aucun secours, sachant que dans un combat de ce genre – l'assaut d'un bunker –, on n'a guère le loisir de faire des prisonniers, et que de toute manière, à Peleliu comme sur d'autres théâtres de la guerre du Pacifique, pas plus les Japonais que les Américains ne se souciaient beaucoup des Conventions de Genève. En sortant du blockhaus, dans le bruit incessant de la mer brisant en contrebas sur le récif, si l'on suit le sentier, à peine tracé, qui descend vers la plage (celle des chiots), avant de s'interrompre, obstrué par la végétation, on tombe bientôt sur un petit canon japonais, tout vert de mousse, reposant parmi les racines dont le sol est entremêlé. Et ce que l'on remarque également, en plus grand nombre que dans tout autre lieu que j'aie visité sur cette île, ce sont des noix de coco décalottées, attachées par un fil de fer à la branche ou au tronc le plus proche, et destinées à attirer, de nuit, des crabes des cocotiers : des animaux véritablement monstrueux, sans commune mesure avec les crabes de terre, ou les crabes noirs de la mangrove, mais dont la rareté, désormais, et le poids de chair, font un mets très recherché, notamment par les restaurateurs chinois de Koror. Et si le piège n'en constitue pas un à proprement parler, puisqu'il ne se compose que d'un appât, c'est que le crabe des cocotiers, paraît-il, lorsqu'il est occupé à dévorer l'intérieur d'une noix, est si affairé, si peu dégourdi, qu'il se laisse appréhender sans opposer de résistance.

À la fin du mois de septembre 1944, soit deux semaines après le débarquement sur Peleliu, les Américains s'y sont rendus maîtres de tout le terrain plat, y compris la mangrove (et y compris le bunker décrit dans les pages précédentes), ils ont conquis les îles d'Angaur et de Ngesebus, ils ont remis en service l'aérodrome – à partir duquel opèrent désormais deux flottilles de vingt-quatre chasseurs-bombardiers Hellcat et Corsair, la seconde commandée par le major Robert Stout, dit « Cowboy » Stout, que ses qualités de pilote n'empêcheront pas d'être abattu par la DCA japonaise, quelques semaines plus tard, au-dessus de Koror –, mais ils se heurtent toujours à l'opiniâtreté des troupes retranchées dans les grottes des monts Umurbrogol, et dirigées de main de maître par le colonel Nakagawa. Pour la plupart, ces troupes proviennent de l'armée du Kwantung, qui a fait en Chine la démonstration de son endurance au combat, et de son égale propension à massacrer tant les civils que les prisonniers de guerre. En face d'elles, les encerclant dans une poche dont la superficie se restreint de jour en jour (au début du mois d'octobre, elle mesure environ mille mètres sur cinq cents), mais dont la résistance se poursuivra jusqu'au 27 novembre (deux jours après le suicide rituel du colonel Nakagawa), les cinquième et septième régiments de la première division de Marines – ce qu'il restait du premier régiment ayant été évacué vers Pavuvu –, auxquels se sont joints, malgré les réticences initiales du général Rupertus, deux régiments – le 321ᵉ RCT, puis le 323ᵉ – issus de l'armée de terre (à partir du 30 octobre il n'y aura plus sur Peleliu un seul Marine, rien que des dogfaces). Le plus souvent, au cours de ces longues et sanglantes semaines de réduction de la poche, les choses se passent à peu près de la façon suivante : après une intense préparation d'artillerie, conjuguée avec un déluge de bombes de 500 livres et de canisters de napalm largués par les Corsair du major Stout (ceux-ci ne prenant pas la peine de relever leur train d'atterrissage, tant la distance est courte entre l'aérodrome et les objectifs qu'ils bombardent), une poignée de chars Sherman, précédés si possible d'un bulldozer blindé pour aplanir le terrain, progresse dans l'une des vallées, si l'on peut appeler ça des vallées, entaillant le relief des monts Umurbrogol (ou de Bloody Nose Ridge, puisque c'est ainsi que les Américains désignent ce massif), afin de tirer au canon contre l'entrée des grottes. D'autres blindés les suivent, les Ronson, équipés de lance-flammes surpuissants. Cependant il ne faut pas s'y tromper : cette progression ne se fait que par à-coups, les blindés devant se replier rapidement pour ne pas être détruits par les occupants des grottes, et encore ne peuvent-ils avancer ou reculer que dans la mesure où ils sont accompagnés de fantassins, sur lesquels repose toujours le plus gros de l'effort, et parmi lesquels on compte le taux le plus élevé de morts et de blessés. Quelques jours avant la mi-octobre, la compagnie de Sledge – qui vient de perdre son « skipper », le capitaine Haldane, un officier qui jouissait apparemment d'une extraordinaire popularité parmi ses hommes – se trouve ainsi engagée dans des combats pour la conquête de quelques pitons rocheux dominant la vallée dite du « Horseshoe ». Lors d'une relève, Sledge se dispose à installer son mortier dans le trou peu profond – la nature du terrain le rendant à peu près inattaquable à la pelle ou à la pioche – pratiqué par son prédécesseur, lorsqu'il remarque que les bords et le fond en sont aspergés de sang encore visqueux. « Faites attention aux Japs à la nuit tombée, commente le soldat qu'il relève : la nuit dernière, deux de ces bâtards se sont infiltrés dans ce trou et ont tranché la gorge du canonnier (*gunner*) et de son assistant (*assistant-gunner*). » Les deux bâtards ont été tués par la suite, et Sledge observe sobrement que « leurs corps ont été jetés dans les buissons les plus proches ». Dans le paragraphe – intitulé *The stench of battle*, La puanteur de la bataille – qui précède dans son livre le récit de cet épisode, il s'est attaché à décrire tout ce qui rend irrespirable, outre sa chaleur et son humidité, l'air que les soldats inhalent jour et nuit : les cadavres dont ils sont entourés, à différents degrés de putréfaction (et qui par bonheur, de leur point de vue, sont le plus souvent des cadavres japonais, les Américains prenant soin d'évacuer leurs morts, même s'il leur arrive d'en oublier quelques-uns), la merde, que la dureté du sol de corail ne permet pas d'enterrer ou de recouvrir, en quantités d'autant plus formidables que les soldats souffrent tous de diarrhée, les déchets alimentaires de toutes sortes. Sans compter la puanteur qui émane aussi des vivants, après plusieurs jours de combat dans une chaleur étouffante, au milieu de cette immense décharge. « Dans cet environnement saturé d'ordures, écrit Sledge, les mouches, abondantes en toutes circonstances sous les tropiques, enregistrèrent une explosion de leurs populations. » Des mouches gorgées de nourriture à tel point qu'elles peuvent à peine voler : « Fréquemment, elles tombaient du bord de mon gobelet dans le café [...]. Il était révoltant, ajoute Sledge, de voir ces mouches [...] se détacher d'un cadavre pour venir grouiller sur nos rations. »

Cette vallée du Horseshoe, que Sledge a vue dénudée par les bombardements, couronnée par les nuages noirs et gras que forme en se consumant le napalm, jonchée de cadavres et nappée de merde, je l'ai découverte quant à moi un peu par hasard, encore que pas tout à fait, après l'avoir repérée sur une photographie aérienne de l'île dans son état actuel. Le matin même, j'avais lu dans un journal imprimé à Koror – journal dans lequel, le plus souvent, il n'y a rien à lire – un article exceptionnellement intéressant, au sujet des grottes murées par les Américains, au cours de leur progression dans le Horseshoe ou dans d'autres vallées, et dans lesquelles quelques milliers de soldats japonais (ou les ossements, désormais, de ces derniers), sans doute au préalable incinérés au lance-flammes, gisent encore sans sépulture (l'article ajoutait que les autorités allaient entreprendre l'excavation de ces grottes, à la demande du Japon et dans la perspective de la visite impériale). On ne s'étonnera pas, compte tenu de ce qui précède, d'apprendre que j'éprouvais les appréhensions les plus vives en m'engageant seul, et à pied, dans le Horseshoe. Si habituellement ma crainte des fantômes va de pair avec la certitude (ou la quasi-certitude) de leur inexistence, je ne pouvais en dire autant ce jour-là ; sachant que par surcroît, pendant toute la durée de mon incursion dans cette vallée, j'y fus accompagné par le chant désolant du wuul, ce chant dont j'ai dit plus haut qu'il ressemblait aux efforts que ferait un idiot pour jouer de la flûte, et qui par conséquent évoque avec une particulière insistance quelque chose d'imparfaitement humain (quelque chose qui s'efforce vers l'humanité sans y parvenir tout à fait). Du décor décrit par Sledge, outre la chaleur étouffante dans laquelle il baigne toujours – bien que cette chaleur soit moindre au printemps qu'en automne –, on reconnaît le désordre aberrant du relief, celui-ci recouvert de nouveau, en partie, par la végétation, la dureté d'un sol irrégulier et coupant, d'autant mieux fait pour s'y casser la gueule qu'il est parcouru de racines et entrecoupé d'arbres morts, enfin de part et d'autre les pentes raides et quelquefois moussues des éperons rocheux, d'une nuance de gris tirant localement sur le vert, trouées de grottes dont les plus vastes, et les plus accessibles, se voient dans le fond de la vallée, près de là où elle se referme en fer à cheval (et près de là où s'ouvre au pied des grottes une succession de gouffres – résultant probablement de l'extraction, aujourd'hui abandonnée, du phosphate – aux bords si abrupts, et si profonds, qu'en cas de chute dans l'un d'eux, et pour peu que l'on n'ait pas été tué sur le coup, il faudrait renoncer à tout espoir d'en ressortir par ses propres moyens). Quitte à passer pour une mauviette, je dois reconnaître que j'eus beaucoup de mal à m'approcher de ces grottes, de leur ouverture béante et sombre (au moins lorsqu'elles ne sont pas murées), depuis laquelle on aperçoit sur le sol, dans la pénombre, des débris à la fois militaires et domestiques – grenades, bouilloires, étuis de munitions, gourdes – disposés de telle façon, et dans un si bon état de conservation, qu'il semble (ou qu'il peut sembler) que la fin des combats remonte à la semaine précédente. Parmi ces déchets, les plus troublants sont les bouteilles de bière ou de saké, tant brunes que vertes, dont je crus tout d'abord qu'elles avaient été abandonnées par des visiteurs mal élevés, mais dont je pus vérifier qu'elles dataient sans conteste du temps de la bataille, et qu'elles étaient par conséquent les dernières qu'avaient bues les occupants japonais de ces grottes, avant de périr brûlés, asphyxiés, déchiquetés par les éclats ou disloqués par le souffle des explosions. Quant à m'aventurer à l'intérieur, je ne pus m'y résoudre que plus tard, armé d'une lampe de poche et en compagnie d'autres visiteurs (et à cette occasion j'éprouverai de nouveau à quel point les choses qui vous bouleversent, lorsque vous êtes seul, deviennent insignifiantes, ou anecdotiques, quand vous ne l'êtes plus).

Un matin, au lever du jour, alors que j'étais assis sur le balcon de mon bungalow, contemplant le récif recouvert à marée haute d'une mince couche d'eau qui s'étendait presque jusqu'à mes pieds, et la mer au-delà, sur laquelle un grain se déplaçait lentement, du nord au sud, sa masse nébuleuse, d'où émanaient quatre colonnes de pluie, teintée de rose par le soleil levant, un matin j'eus le sentiment d'une présence étrangère à mes côtés, comme si l'un des fantômes que j'avais craint de rencontrer dans les grottes m'avait suivi jusque-là, avant de découvrir qu'il s'agissait prosaïquement d'un chat – un spécimen de petite taille, noir et blanc –, qui s'efforçait de passer inaperçu, ayant apparemment décelé ma présence en même temps que moi la sienne, et dont je présumai qu'il avait trouvé refuge sur le balcon pour échapper aux deux chiens jaunes attachés à l'établissement (et le même jour, dans la soirée, cette hypothèse devait être corroborée par le passage à vive allure, sous ce même balcon, d'un autre chat, roux celui-là, poursuivi par l'un des chiens jaunes, et parvenant in extremis à se jeter dans un arbre dont la ramure se déployait majestueusement au-dessus du rivage, et qu'à ses feuilles dentelées, dessinées à contre-jour par le soleil couchant, on aurait pu prendre pour un chêne).

Sur les cartes de Peleliu illustrant les récits de la bataille apparaît un village du nom de Ngardololok, situé dans une partie de l'île entourée de trois côtés par la mangrove. Sur des cartes plus récentes, le même village – ou le secteur où il devrait se trouver – apparaît sous le nom de Lademisang. Ce qui est avéré, c'est que les Japonais avaient édifié à Ngardololok, alias Lademisang, un bunker de grande taille abritant une station de radiogoniométrie, et que ce bunker avait été détruit, avant même le débarquement, par l'artillerie de 16 et 14 pouces des cuirassés du Fire Support Group. En approchant de Lademisang (de Ngardololok), sur une piste le long de laquelle, une fois de plus, je n'avais rencontré personne, pas même une joyeuse équipe de faucheurs ou de démineurs (pas plus que le fou borgne), j'ai aperçu dans une clairière, sur la droite du chemin, des tombes assez nombreuses – et pour certaines assez récentes, comme je m'en assurai en allant les regarder de plus près – pour identifier ce lieu comme le cimetière du village, ayant survécu à la disparition de ce dernier, et toujours utilisé par les familles qui en étaient originaires (même celles qui vivaient désormais à Koror ou sur d'autres îles de l'archipel, devait-on me confirmer par la suite, revenaient enterrer leurs morts dans le cimetière où reposaient leurs ascendants, outre que Peleliu, dans un contexte légendaire auquel je n'ai pas compris grand-chose, passerait pour être spécialement propice à l'envol des âmes vers leur lieu de résidence éternel). Parmi ces sépultures, les plus récentes étaient recouvertes de plaques d'Eternit, en fait de pierres tombales, ornées de ces inscriptions convenues – « celui qui vit toujours dans le cœur des siens n'est pas mort » –

par lesquelles les vivants essaient de conjurer leur peur de la disparition et de l'oubli, et garnies pour certaines de boîtes de bière ou de bouteilles de soda, une tradition que les insulaires ont semble-t-il empruntée à leurs occupants japonais. Au risque d'apparaître de nouveau comme un esprit faible et superstitieux, je me dois d'observer que j'éprouvais un certain malaise à m'attarder dans ce cimetière – où parmi les chants d'oiseaux, le seul que j'entendais distinctement était comme à l'accoutumée l'appel lancinant du wuul –, ne m'y sentant pas le bienvenu, ou plus précisément, et bien que mon comportement fût empreint du respect le plus craintif, m'y sentant comme Jeremiah Johnson dans le cimetière crow qu'il est en train de profaner malgré lui. Peu après, c'est donc en proie à ces dispositions – à cette impression indéniablement maladive que chacun de mes gestes était observé avec suspicion par les morts –, que j'ai pénétré dans ce qu'il restait du village, et qui se résumait à une maison isolée aux ouvertures condamnées, à un autre groupe de tombes trop peu nombreuses pour constituer un cimetière à proprement parler, enfin à ce bunker, en grande partie recouvert par la végétation, qui avant sa destruction avait abrité la station de radiogoniométrie japonaise. Le niveau le plus bas – le rez-de-chaussée ? – de cette ruine (au plafond de laquelle adhéraient par centaines, comme de minuscules stalactites, des nids de guêpes maçonnes) présentait divers signes d'une occupation récente, une partie du bunker ayant été isolée et privatisée par la pose de panneaux de contre-plaqué, ou de portes munies de serrures, qui en interdisaient l'accès, comme s'il s'agissait d'une résidence secondaire. Et tandis que je me demandais qui pouvait trouver de l'agrément à séjourner dans un lieu pareil, j'entendis du bruit dans la jungle qui l'entourait de toutes parts, je mis la main sur le holster virtuel que dans un tel contexte je porte toujours à la ceinture, et je vis surgir d'entre les hautes herbes un type armé d'une machette, et chargé par ailleurs d'une brassée de marijuana dont le volume équivalait à celui d'une petite meule de foin. Le vague souvenir que j'avais conservé du film *La Plage* (pour ceux qui voient de quoi il s'agit), et la réputation qu'a cette île de s'être spécialisée dans la production – évidemment illégale, mais apparemment pas plus que ça – de cette denrée, à l'exclusion pratiquement de toute autre culture (si ce n'est un peu de taro), me firent craindre que le type ne se débarrasse de son fagot pour m'attaquer sauvagement à coups de machette, au lieu de quoi il me salua comme si nous nous connaissions depuis toujours, et m'invita, l'approchant de ma figure, à constater combien son herbe sentait bon. Il n'alla pas jusqu'à m'en offrir, mais sans doute l'aurait-il fait si je le lui avais demandé. Puis, décidément peu surpris, et encore moins contrarié, de me rencontrer dans ces décombres, il m'expliqua que sa femme l'y avait déposé le matin même, en voiture, afin qu'il aille s'occuper de sa récolte, et qu'elle n'allait pas tarder à venir le rechercher. Quant à moi je poursuivis en direction du nord-est sur le chemin qui traversait le village, dans une jungle où j'observai pour la première fois quantité de petits oiseaux qui avaient la couleur du rubis et que je ne pus identifier, jusqu'à ce que j'atteigne le bord de la mangrove, où était aménagée, plus ou moins, une espèce de tonnelle, avec en guise de banc un tronc d'arbre mal équarri. Assis sur ce banc, écoutant glouglouter dans leur fuite des créatures aquatiques (ou amphibies) dérangées par mon arrivée, je pensais au gag – un classique – du type qui s'assoit sur un tronc d'arbre et découvre, trop tard, qu'il s'agit en fait d'un crocodile, et je me disais que ces derniers ayant la réputation de vivre vieux, il s'en trouvait encore probablement, dans la mangrove, qui avaient été témoins de la bataille, et peut-être avaient saisi cette opportunité d'introduire un peu de variété dans leur alimentation.

Avant d'en finir avec Sledge (et avec Burgin), maintenant que le cinquième Marines, relevé par l'armée de terre dans les derniers jours du mois d'octobre, est au repos à Pavuvu, en attendant de retourner au casse-pipe sur l'île d'Okinawa, il me faut rapporter ce qu'il écrit à propos d'un incident consécutif à la disparition du capitaine Haldane, cet officier qui jouissait d'une exceptionnelle popularité parmi ses hommes, et qui a trouvé la mort sur les hauteurs de Bloody Nose Ridge. Pendant cet intermède entre deux batailles, sur l'île de Pavuvu où il semble que les conditions, depuis son premier séjour, se sont améliorées, Sledge observe l'un des deux officiers survivants de sa compagnie – un lieutenant, qu'il ne nomme pas – en train de jeter dans un fut de pétrole vide des livres et des papiers, des cartes en particulier, ayant appartenu au capitaine Haldane. Parmi les livres, il y en a un plus gros que les autres, et que l'officier, aux dires de Sledge, précipite dans la poubelle avec une expression de colère manifeste (« with obvious anger »). Emboîtant le pas à l'officier, Sledge récupère dans le fut les objets qu'il vient d'y jeter, les cartes de Peleliu, tout d'abord, sans doute annotées de la main du capitaine Haldane, qu'il regrettera par la suite d'avoir remises aussitôt là où il venait de les prendre, puis le gros livre, qui s'avère être un recueil de textes sur la guerre – la guerre en général – sélectionnés par Ernest Hemingway (auquel Sledge les attribue par erreur) et publié en 1942. Or bien que le livre porte sur la page de garde les initiales et le nom de A.A. Haldane, apparemment écrits de la main de celui-ci, Sledge, au lieu de conserver pieusement cet ouvrage, le balance derechef dans la poubelle, en proie à cette même colère, et à ce même dégoût, qu'avait auparavant manifestés l'officier. De ce geste a priori surprenant, de la part de quelqu'un qui en règle générale n'a rien contre la littérature, Sledge s'explique dans une phrase ambiguë sur l'inutilité de lire des livres de guerre lorsqu'on est soi-même en train de la faire, et au sortir d'une bataille qui a coûté la vie au commandant de sa compagnie et à tant de ses camarades. Apparemment, il ne s'interroge pas sur le fait que le capitaine Haldane, qu'il révérait, ait eu sur cette question un point de vue légèrement différent, puisqu'il avait placé ce livre dans son paquetage. Et bien entendu, sur le moment, la lecture de ce passage m'a perturbé d'autant plus que j'étais moi-même en train d'écrire un livre, ou de m'y efforcer, sur une bataille à laquelle je n'avais pris aucune part.

Dans les jours qui suivirent le départ du flic d'Anchorage, l'hôtel des Palmes a reçu la visite d'un couple de touristes russes, tous les deux jeunes, appartenant à la classe moyenne moscovite, principalement adonnés à la plongée sous-marine, mais témoignant aussi d'un intérêt soutenu pour les souvenirs guerriers (autant que je puisse en juger, rares sont les Russes qui se désintéressent totalement de ce genre de choses). Comme tout le monde, j'éprouve un certain plaisir, teinté de vanité, à initier des nouveaux venus aux connaissances que je viens moi-même d'acquérir. Or au bout d'une semaine exclusivement consacrée à la plongée – plongées au retour desquelles, à l'heure du dîner, ils me montraient sur l'écran de leur ordinateur les poissons qu'ils avaient rencontrés dans la journée –, les deux Russes exprimèrent le désir de visiter sous ma conduite quelques-uns des sites de la bataille. Ils disposaient pour cela d'un seul jour. Nous avons commencé par The Point et les plages du débarquement, en faisant un crochet par cette grotte, située à quelques dizaines de mètres à peine de la route principale, qui passe pour avoir abrité jusqu'au 21 avril 1947 une trentaine de soldats japonais ignorants du cessez-le-feu ou réfractaires à celui-ci (parmi ces obstinés se trouvaient quatre travailleurs civils, probablement coréens, dont il est vraisemblable qu'ils étaient retenus contre leur gré). Sous le commandement d'un officier subalterne, le lieutenant Yamaguchi, ils vivaient de rapines effectuées de nuit dans les champs qui s'étendaient alors de l'autre côté de la route, et des crustacés ou des insectes qu'ils parvenaient à capturer dans les parages de leur refuge, celui-ci tout proche du rivage. Bien que cette histoire soit corroborée par plusieurs sources – lesquelles divergent en revanche sur sa conclusion, Bill Sloan écrivant par exemple qu'elle survint après que l'un des troglodytes, le matelot Tsuchida, se fut rendu aux Américains, qui le renvoyèrent vers ses camarades avec des lettres du pays attestant que la guerre était finie, tandis que Derrick Wright soutient de son côté qu'il fallut déplacer un amiral japonais, équipé d'un haut-parleur, pour convaincre le lieutenant Yamaguchi de renoncer à son combat –, il est difficile, lorsqu'on découvre l'entrée de cette grotte, à peine assez spacieuse pour permettre le passage d'un renard, d'imaginer comment une trentaine d'hommes parvinrent à y survivre pendant deux ans et demi, entourés d'ennemis, sans se faire remarquer.

De là nous avons enchaîné sur le Horseshoe, dans lequel je ne retrouvai aucune des impressions que j'avais éprouvées lors de ma première visite, puis sur la grotte dite du « Last Stand », où la tradition situe le dernier PC du colonel Nakagawa et le lieu de son suicide. Au départ du chemin menant à cette grotte, puis à l'entrée de celle-ci, deux pyramides tronquées ont été érigées par une association japonaise vouée au culte des héros, et dont le moins qu'on puisse dire est qu'elle ne s'embarrasse pas de scrupules relativement aux crimes commis par l'armée impériale, y compris lors de cette bataille de Peleliu, marquée notamment par des décapitations ou des émasculations de cadavres ennemis (le terme même de Last Stand, choisi pour désigner ce lieu, a quelque chose de christique qui cadre mal avec ce que l'on sait de la carrière et de la personnalité du colonel Nakagawa). Les deux monuments, mais en particulier le plus proche de l'entrée, sont environnés de débris militaires, gourdes ou tessons de projectiles de mortier, rassemblés délibérément, et d'offrandes consistant généralement en boîtes de lait de soja, bouteilles de saké (ou d'un autre liquide transparent) et bouquets de fleurs artificielles. Haute de plafond, la grotte comporte de nombreux diverticules – c'est dans l'un d'eux que le colonel Nakagawa se serait suicidé, après avoir détruit par le feu les couleurs de son régiment –, elle abrite une colonie de ces hirondelles dont le comportement évoque celui des chauves-souris. Au sortir de la grotte du Last Stand – dont on verra plus loin qu'elle n'est peut-être pas la bonne –, nous nous sommes engagés, les Russes et moi, dans une vallée, ou un ravin, approximativement parallèle à celle du Horseshoe, et qui dans la terminologie américaine porte le nom de Wildcat Bowl. L'aspect de l'une et de l'autre n'est pas très différent, si ce n'est que dans sa première partie, le chemin qui mène au Bowl traverse une jonchée de bombes d'aviation, rouillées et dépouillées de leur charge explosive, avant de côtoyer un rocher, à moins qu'il ne s'agisse d'une vieille souche, enveloppé d'une couche de mousse aussi exceptionnellement épaisse que douce au toucher, au point que l'on peut difficilement résister à la tentation d'y plonger les deux mains pour en arracher quelques poignées. Les grottes n'étant pas moins nombreuses dans le Bowl que dans le Horseshoe, et les Russes déterminés à tout voir, nous en avons visité une dont le sol était couvert de l'habituel fouillis d'objets militaires ou domestiques, et au plafond de laquelle adhéraient des amblypyges, ces créatures affreuses, encore qu'apparemment inoffensives (pour l'homme, sinon pour le grillon et d'autres insectes cavernicoles), dont Wikipédia nous assure, avec un louable souci de précision, qu'elles peuvent se passer totalement de nourriture au moment de l'accouplement (de telle sorte que la saison de l'accouplement des amblypyges est à marquer pour le grillon ou pour le criquet d'une pierre blanche). Devant l'entrée de cette grotte, d'autre part, deux araignées de grande envergure, à peu près invisibles jusqu'à ce qu'on ait mis le nez dessus, veillaient au centre de leur toile, comme une ultime invitation à rebrousser chemin. Puis nous avons rendu visite aux chiots, les Russes étant curieux d'assister à la distribution du Spam, et c'est à cette occasion que j'ai constaté qu'ils n'étaient plus que quatre, deux beiges et deux noirs, l'un de ces derniers se montrant toujours le plus vif et le plus vorace.

Au couple hétérosexuel russe a succédé un couple tchèque, celui-ci exclusivement masculin. L'un des deux Tchèques était par ailleurs d'une grande érudition sur le sujet de la Seconde Guerre mondiale, et une controverse nous a opposés à propos de la nature exacte du projectile qui avait creusé un trou presque parfaitement circulaire, et d'environ trois mètres de diamètre, dans l'enceinte du bunker abritant la centrale électrique japonaise. Comme avec pédantisme, et dans le dessein d'impressionner le Tchèque, je soutenais qu'un tel impact ne pouvait résulter que d'un obus de 406 millimètres tiré par l'un des cuirassés du Fire Support Group, mon interlocuteur m'objecta que les cuirassés en question appartenaient à une classe mise en service au lendemain de la Première Guerre mondiale, ce qui est indéniable, et dépourvue d'une telle artillerie. Sur le moment je me tins coi, persuadé d'avoir été pris en flagrant délit de cuistrerie, mais de retour à l'hôtel, profitant de ce que la connexion internet était exceptionnellement rétablie, je pus vérifier que certains de ces cuirassés, ou au moins l'un d'entre eux, lors d'une refonte, en avait bel et bien été doté (outre que Sledge, dans *With the Old Breed*, mentionne clairement des tirs de 406 millimètres contre des objectifs à terre – « de longs jets de flammes rouges, écrit-il, mélangés à une épaisse fumée noire, jaillissaient des énormes canons de 16 pouces dans un bruit de tonnerre » –, et qu'un autre auteur, absent quant à lui lors des combats, a même établi un compte exact, à l'unité près, du nombre de projectiles de ce calibre – il s'élève à 519 – tirés en préalable au débarquement). On prendra la mesure de ma magnanimité, ou de ma délicatesse, en apprenant que je m'abstins de faire part au Tchèque du résultat de mes investigations, le laissant persister dans l'illusion qu'il m'avait cloué le bec.

Bientôt les deux Tchèques succombèrent à la tentation d'un « jungle tour » spécial proposé par le guide philippin que j'ai déjà mentionné, un tour qui comportait l'observation de « restes humains », précisait-il avec gourmandise, et je me joignis à eux. Dans sa première partie, le jungle tour spécial passait par des endroits que je commençais à bien connaître, et la seule péripétie dont il fut émaillé consista dans la disparition du Tchèque spécialiste de la Seconde Guerre mondiale, en compagnie du guide philippin, au fin fond d'une grotte où ils restèrent enfouis pendant un temps qui me parut interminable, mais sans que le visage du second Tchèque, avec lequel j'attendais à l'extérieur, traduisît la moindre angoisse ou la plus légère irritation. La principale nouveauté du jungle tour spécial n'apparut que plus tard, lorsque le guide philippin, contournant les hauteurs de ce qui devait être les Five Sisters, nous entraîna dans une marche relativement difficile, compte tenu de l'irrégularité du terrain, le long de la Death Valley, au pied du China Wall, dans la seule partie de la poche de Bloody Nose Ridge où je n'avais pas encore mis les pieds. Non loin de l'endroit où gisait sur le sol accidenté du sous-bois une machine à coudre Singer en assez bon état, dont le guide nous assura qu'elle avait fait partie du trousseau des défenseurs japonais, je remarquai une plaque gravée d'une inscription, reposant en pleine nature sur un rocher solitaire, dont le texte disait qu'elle avait été disposée en mars 2007 par un certain Harvard Lewis, de Glendale, dans l'Oregon, à la mémoire d'un de ses camarades, le sergent Elmer E. Lowe, appartenant à la compagnie F du deuxième bataillon, septième régiment, première division de Marines, qui avait trouvé la mort en ce lieu le 20 septembre 1944. « Go and tell Spartans, stranger passing by », pouvait-on lire d'autre part, « that here, obedient to their laws, we lie ». Il était difficile, à la lecture de cette plaque, de ne pas éprouver une certaine émotion, et une non moindre sympathie pour l'homme qui au terme de sa vie était revenu à Peleliu pour y honorer de cette façon la mémoire de son « buddy », de son copain, mort soixante-trois ans auparavant (car c'est une des beautés de la guerre, il faut en convenir, que ces liens d'amitié extraordinairement forts qu'elle noue entre des hommes exposés côte à côte à des conditions effroyables, et dont le souvenir fera paraître inconsistant, aux survivants, tous ceux qu'ils contracteront par la suite). Au terme de cette promenade, lorsque ayant atteint le fond de Death Valley nous avons franchi l'escarpement du China Wall, en dérapant sur des rochers verts de mousse et coupants comme du verre, avant de redescendre dans le vallon du Wild cat Bowl, le guide philippin nous présenta une des grottes que j'y avais déjà visitées, en compagnie des Russes, comme la « vraie grotte du Last Stand », l'autre ne lui ayant été substituée, soutenait-il, que dans la mesure où elle était d'un accès plus facile. Mais ce qui ne collait pas, à mon avis, dans ses explications, c'était que la grotte qu'il désignait comme la vraie n'était pas d'un accès notablement plus difficile que l'autre, pourvu que l'on suivît pour l'atteindre le chemin que j'avais emprunté avec les Russes, outre que la grotte du Last Stand est décrite avec beaucoup de précision dans un ouvrage spécialisé – *Peleliu Revisited*, de D. Colt Denfeld, publié en 1988 par The Micronesian Archaeological Survey – et que cette description correspond point par point à la grotte dont le guide philippin prétendait qu'elle n'était pas la bonne. Quant aux « restes humains » qui avaient aiguisé l'appétit des Tchèques, il s'agissait d'un crâne et de quelques ossements plantés sur la crête du Walt Ridge, et dont tout porte à croire qu'ils ont été placés là, après coup, afin de justifier le tarif un peu plus élevé du jungle tour spécial.

Si David McQuillen n'avait pas été le neveu d'Elmer Lowe, et si en 1999, à l'occasion du cinquante-cinquième anniversaire de la bataille, il ne s'était pas rendu sur l'île de Peleliu, jamais Harvard Lewis n'aurait eu l'occasion d'y poser cette plaque à la mémoire de son camarade. À moins que je n'aie compris toute cette histoire de travers – hypothèse qu'il serait présomptueux de négliger –, David McQuillen, donc, est le neveu d'Elmer Lowe, et son enfance a été bercée, ou empoisonnée, c'est selon, par l'évocation de la figure héroïque de cet oncle maternel. Au point que lui-même, plus tard, s'est engagé dans le corps des Marines, et qu'il a servi au Vietnam, dans des conditions qu'il semble peu désireux de préciser. À l'entendre, c'est d'assez mauvaise grâce, entraîné peut-être par des camarades, qu'en 1999 il débarque pour la première fois à Peleliu. Par la suite – vraisemblablement parce que son nom, ou son témoignage, est apparu dans une quelconque publication du corps des Marines –, il reçoit une lettre d'un vétéran prétendant avoir combattu aux côtés de son oncle, et l'avoir vu mourir. Il rencontre le vétéran, ça se passe bien, du moins je le présume, puisqu'en 2006 ils retournent de concert sur les lieux, où David McQuillen est stupéfait de voir Harvard Lewis, désormais octogénaire, crapahuter pendant deux semaines dans la jungle, sur les pentes de Bloody Nose Ridge, à la recherche de l'endroit précis où il se souvient d'avoir vu tomber Elmer Lowe. L'année suivante, le vieux ayant fait entre-temps graver la plaque où il est question des Spartiates, McQuillen revient avec lui pour la poser. À cette occasion, il passe six semaines sur cette île qu'il n'avait abordée neuf ans auparavant qu'avec réticence, et pour laquelle il s'est pris d'une telle affection – aussi étrange que cela puisse paraître à qui n'a pas les mêmes raisons de s'y attacher –

qu'il y retourne de nouveau en 2009. Or 2009, c'est l'année où l'ONG Cleared Ground – animée par Steve Ballinger, un ancien officier de l'armée britannique, et Cassandra McKeown, qui a passé une grande partie de sa vie dans des camps de réfugiés, en Palestine notamment, pour le compte d'une agence des Nations unies – entreprend sur Peleliu une campagne de déminage, campagne qui en moins de six ans s'est soldée par la neutralisation de plus de trente mille engins explosifs, de la bombe d'aviation à la grenade à main. David McQuillen tombe sous le charme de Cassandra McKeown et de Steve Ballinger (comme quiconque est amené à les rencontrer), il rentre aux États-Unis pour y suivre une formation d'« emergency medical technician », afin de pouvoir assister le personnel de Cleared Ground dans le cas d'accidents qui ne se sont semble-t-il jamais produits, il revient s'établir à Peleliu, il y vit désormais dans une maison en bois située un peu à l'écart du village de Kloulklubed, non loin de l'église adventiste, qui a beaucoup souffert lors du typhon Bopha, en 2012, mais qui a survécu à celui-ci. Bien que les deux premières choses que l'on y remarque soient un drapeau du corps des Marines, appliqué sur un mur à la manière d'un tableau, et, faisant face au précédent, une affiche de grand format illustrant le démontage d'un Colt 45, cette maison, pas plus que son propriétaire, ne présente pour le reste aucun caractère outrancièrement guerrier. Lui-même, McQuillen, est un homme de grande taille, un peu enveloppé, qui annonce d'entrée de jeu la couleur en observant qu'« il n'y a de gloire, dans la guerre, que pour ceux qui ne l'ont jamais faite ». Soit. Et comme cette réflexion, malgré tout, manque un peu d'originalité, McQuillen se rattrape en me montrant tout d'abord une photographie illustrant la rencontre, en 2014, d'un vétéran japonais et d'un vétéran américain, sans doute les deux derniers de leur espèce à remettre les pieds sur l'île de Peleliu, puis une série d'aquarelles réalisées dans l'immédiat après-guerre par un militaire américain affecté à ce qui était alors une base d'importance, et d'où il ressort que dès 1945 la végétation croissait de nouveau impétueusement sur cette île, en particulier cette plante parasite qui donne aux arbres qu'elle colonise une allure fantomatique et lugubre. Dans un de ces romans que nous aimons – un roman de Stevenson ou de Conrad, vu le contexte –, après que McQuillen aurait montré cette photographie de vétérans réconciliés – l'un et l'autre au seuil de la tombe, le Japonais extraordinairement frêle, et l'Américain du même âge, et passé par les mêmes épreuves, assez costaud pour que l'on puisse modeler un double du Japonais dans la chair de l'une de ses cuisses –, il s'avérerait qu'il ne s'est retiré à Peleliu que pour expier quelque crime effroyable commis alors qu'il servait au Vietnam. Mais, dans la réalité, il est très rare que les choses se passent ainsi. Il est probable, en fait, que McQuillen n'ait jamais commis aucun crime, il se peut même qu'il ait passé toute la guerre à classer des dépêches sur la base de Da Nang, et qu'il n'ait vu le feu que lorsque le Viêt-Cong, à l'occasion de l'offensive du Têt, parvint à pénétrer jusqu'au cœur de celle-ci (mais il se peut aussi qu'à l'instar de Chesty Puller il ait décroché à plusieurs reprises la Navy Cross, ou sinon quelques Purple Hearts). Décidément discret, quoi qu'il en soit, sur cette période de sa vie, le souvenir le plus ancien qu'il évoque, en dehors de ce qui touche à la pose de la plaque, ne remonte pas plus loin que 2012, quand il dut évacuer sa maison sur l'île de Peleliu, fuyant le typhon Bopha, pour se réfugier dans une grotte désignée par la tradition comme la Navy Command Cave. L'une des pires parmi celles que j'ai eu le loisir de visiter. Du moins ne doit-elle pas grand-chose aux travaux des terrassiers japonais ou coréens, si l'on en juge par la hauteur considérable de sa voûte, ou par la taille des stalactites qui l'encombrent, et dont le volume présente des effets de drapé, ou de plissage, comparables à ceux que l'on observe souvent dans la peinture chinoise. Après quoi, sans cesser d'être de dimensions imposantes, la grotte s'étrécit, et son plancher, couvert comme à l'accoutumée de douilles d'obus, de bouilloires rouillées ou de bouteilles vides – auxquelles s'ajoutent les bonbonnes d'eau potable apportées par les réfugiés en 2012, et laissées sur place après le passage du typhon –, son plancher s'incline vers une mare putride occupant son point le plus bas. Les hirondelles – celles qui ressemblent à des chauves-souris – y sont nombreuses (et sans doute aussi les amblypyges), faisant résonner la voûte de leur désagréable cliquetis de machine à coudre. D'après Steve et Cassandra, les deux responsables de Cleared Ground, la merde qu'elles produisent en abondance, dans cette grotte, a la réputation d'être particulièrement propice à la fumure des champs de marijuana.

Et pendant ce temps-là, de leur côté, les chiots continuaient à dépérir, en dépit de mes efforts pour les maintenir en vie à l'aide du Spam (depuis plusieurs semaines que je me trouvais sur cette île, les chiots ne croissaient pas). Lors de la visite suivant celle que je leur avais faite avec les Russes, je remarquai à proximité de la plate-forme sous laquelle ils s'abritaient de la chaleur un objet que j'étais sûr de n'y avoir jamais vu auparavant, une masse métallique assujettie à un long manche, semblable à celle qu'utilisaient autrefois les forgerons. Cet outil, parfaitement adapté au fracassage de têtes, je ne pus m'empêcher de penser qu'on l'avait posé là, bien en évidence, à dessein, et comme un ultime avertissement d'avoir à me tenir éloigné des chiots. Lors de cette visite, l'avant-dernière, je les avais trouvés encore plus que d'habitude assoiffés, comme je l'étais moi-même, et après quelques tergiversations j'avais versé le contenu de ma propre bouteille d'eau dans leur auge (j'imaginais le titre – « Tenaillé par la soif, il partage sa dernière bouteille d'eau avec des chiots » – que le journal de l'archipel, celui dans lequel on ne trouvait jamais rien, aurait pu dédier à ce geste, en caractères gras barrant toute la largeur de sa une). Et chaque fois que je repartais, le petit noir, celui que la sélection naturelle avait élu, s'efforçait de me suivre, faisant ressortir la vanité, ou l'insuffisance, de mes efforts.

Peu de temps après avoir parachevé le jungle tour spécial, les deux voyageurs tchèques avaient quitté l'île, et leur bungalow à l'hôtel des Palmes était occupé maintenant par un touriste russe, solitaire, dont le physique évoquait celui d'un coureur cycliste. Comme auparavant le couple de même origine, ce touriste russe isolé, et qui ne s'était rendu à Peleliu, tout d'abord, que pour y explorer les fonds sous-marins, me demanda de lui organiser un tour de l'île axé sur l'histoire de celle-ci, comme si ç'avait été ma vocation, désormais, voire mon métier, de promener des Russes parmi les vestiges de la guerre. Le programme standard comportait la visite du bunker ayant abrité la centrale électrique, avec son couronnement de végétation foisonnante, celle du Horseshoe ou du Wildcat Bowl, ou éventuellement des deux, une incursion dans la grotte dite du Last Stand, qu'elle fût ou non celle où le colonel Nakagawa s'était effectivement donné la mort, enfin l'ascension jusqu'au monument dédié aux soldats de l'armée de terre tombés lors de la conquête de Peleliu, d'où la vue s'étend sur la quasi-totalité de l'île et de ses approches maritimes. Si le client manifestait de l'enthousiasme, je pouvais ajouter un détour par The Point, l'amas rocheux où le capitaine Hunt, à la tête de sa compagnie exsangue, avait tenu les Japonais en échec pendant deux jours, et parfois un extra tel que la visite du site, dans la forêt, sur lequel étaient éparpillés les restes de l'avion torpilleur Avenger. Ce détour-là me coûtait d'autant moins qu'il nous amenait, mon client et moi, dans le voisinage de la plage aux chiots. Or plus la date de mon départ approchait, plus j'étais désireux de voir leur sort réglé d'une manière ou d'une autre : soit qu'ils meurent, mais alors tous les quatre, et une bonne fois pour toutes, soit qu'à force d'attirer sur eux l'attention des visiteurs, ou de ceux, parmi les résidents, qui étaient le plus susceptibles de s'y intéresser, quelqu'un se décide à les adopter (la manière dont je les présentais aurait dû, de mon point de vue, inciter n'importe qui à le faire, mais les quelques personnes auxquelles je m'étais adressé m'avaient rétorqué qu'elles possédaient déjà suffisamment de chiens). Sur le site où s'était crashé l'Avenger, Igor, le Russe aux allures de champion cycliste, eut la chance de débusquer un crabe de terre d'une taille exceptionnelle qu'il photographia, pinces érigées, sous toutes les coutures. Puis, le soir tombant – le dernier que je devais voir tomber sur cette île –, nous nous sommes dirigés vers l'épave du minibus marquant l'entrée du chemin descendant vers la plage, en compagnie d'une dame qui faisait la cuisine pour les clients de l'hôtel des Palmes, bien qu'elle enseignât d'autre part dans une école maternelle. La marée, descendante, découvrait la plus grande partie de l'épave du Zero, et à l'arrière-plan, sur le rivage d'Omidkil, le vent qui s'était levé dans l'après-midi – et qui me faisait craindre, en même temps qu'espérer, l'arrivée d'un typhon – agitait la silhouette des arbres mutilés, envahis pour certains de plantes parasites. En considérant la plate-forme sous laquelle les chiots s'abritaient – et à proximité de laquelle la masse de forgeron, j'en suis sûr, avait changé de place –, la cuisinière (l'institutrice) crut se rappeler que cette installation, et toute la partie du littoral sur laquelle elle était établie, appartenait à sa famille, ou à son clan, ce qui lui conférait une certaine autorité pour trouver une solution à ce problème. Elle m'assura qu'elle s'en occuperait dans les jours à venir. Si sympathique qu'elle fût, je n'en crus pas un mot. Après mon retour en France, je reçus du champion cycliste russe un courriel accompagné d'images, dont avant de les ouvrir j'espérais vaguement qu'elles montreraient les chiots dans leur famille d'accueil, mais il s'agissait simplement de ce crabe, d'une taille exceptionnelle, dont il avait fait le portrait parmi les débris de l'Avenger.

Bibliographie

Dirk Anthony Ballendorf & Merrill Lewis Bartlett, *Pete Ellis, An amphibian warfare prophet, 1880-1923*, Naval Institute Press, 1997.

R.V. Burgin, *Islands of the Damned, A Marine at War in the Pacific*, New American Library, 2010.

D. Colt Denfeld, *Peleliu Revisited, An historical and archeological survey of World-War II sites on Peleliu island*, Micronesian Archeological Survey, 1988.

H. Douglas Pratt & Mandy T. Etpison, *Birds and Bats of Palau*, Mutual Publishing L.L.C., 2008.

George P. Hunt, *Coral Comes High*, Harper and Brothers, 1946.

Jim Moran & Gordon L. Rottman, *Peleliu 1944, The forgotten corner of hell*, Osprey Publishing, 2002.

Bill D. Ross, *Peleliu, Tragic triumph, The untold story of the Pacific war's forgotten battle*, Random House, 1991.

E.B. Sledge, *With the Old Breed at Peleliu and Okinawa*, Presidio Press, 1981.

Bill Sloan, *Brotherhood of Heroes, The Marines at Peleliu, 1944, The bloodiest battle of the Pacific war*, Simon and Schuster, 2005.

William Styron, *Un matin de Virginie*, traduit de l'anglais par Maurice Rambaud, Gallimard, 1994.

William Styron, *À tombeau ouvert, Cinq histoires du corps des Marines*, traduit de l'américain par Clara Mallier, Gallimard, 2011.

Derrick Wright, *To the Far Side of Hell, The battle of Peleliu, 1944*, The Crowood Press Ltd., 2002.

chez d'autres éditeurs

Chemins d'eau, Éditions Maritimes et d'outre-mer, 1980, La Petite Vermillon, 2013

Journal de Gand aux Aléoutiennes, Jean-Claude Lattès, 1982, Payot, 1995, La Petite Vermillon, 2010

L'Or du scaphandrier, Jean-Claude Lattès, 1983, L'Escampette, 2008

La Ligne de Front, Quai Voltaire, 1988 (prix Albert-Londres), Payot, 1992, La Petite Vermillon, 2010

La Frontière belge, Jean-Claude Lattès, 1989, L'Escampette, 2012

Cyrille et Méthode, Gallimard, 1994

Joséphine, Gallimard, 1994, Points-Seuil, 2010

Zones, Gallimard, 1995, Folio n° 2913, 1997

L'Organisation, Gallimard, 1996 (prix Médicis), Folio n° 3153, 1999

C'était juste cinq heures du soir, avec Jean-Christian Bourcart, Le Point du jour, 1998

Traverses, NIL, 1999, Points-Seuil, 2011

Campagnes, Gallimard, 2000, La Petite Vermillon, 2011

Dingos suivi de *Cherbourg-Est / Cherbourg-Ouest*, Éditions du Patrimoine, 2002

L'albatros est un chasseur solitaire, Cent Pages, 2011

L'Aventure, photographies d'Isabelle Gil, La Table Ronde, 2011

Vu sur la mer, La Petite Vermillon, 2012

Dinard, essai d'autobiographie immobilière, avec Kate Barry, La Table Ronde, 2012

Achevé d'imprimer en février 2016
dans les ateliers de Normandie Roto Impression s.a.s.
à Lonrai (Orne)

N° d'éditeur : 2490
N° d'édition : 295435
N° d'imprimeur : 1600394
Dépôt légal : mars 2016
Imprimé en France